站在巨人肩上

从拉瓦锡谈化学革命

刘枫　主编

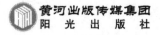
黄河出版传媒集团
阳　光　出　版　社

图书在版编目（CIP）数据

从拉瓦锡谈化学革命 / 刘枫主编 .-- 银川：阳光
出版社，2016.7（2022.05重印）
（站在巨人肩上）
ISBN 978-7-5525-2791-9

Ⅰ.①从… Ⅱ.①刘… Ⅲ.①拉瓦锡，A.L.（1743-
1794）- 生平事迹 - 青少年读物②化学 - 青少年读
物 Ⅳ.① K835.656.1-49 ② 06-49

中国版本图书馆 CIP 数据核字 (2016) 第 181695 号

站在巨人肩上　从拉瓦锡谈化学革命　　　　刘枫　主编

责任编辑　徐文佳
封面设计　瑞知堂文化
责任印制　岳建宁

黄河出版传媒集团
阳　光　出　版　社　出版发行

地　　　址　宁夏银川市北京东路139号出版大厦（750001）
网　　　址　http：//www.ygchbs.com
网上书店　http：//shop129132959.taobao.com
电子信箱　yangguangchubanshe@163.com
邮购电话　0951-5047283
经　　　销　全国新华书店
印刷装订　天津兴湘印务有限公司
印刷委托书号　（宁）0020165

开　　本　710mm×1000mm　1/16
印　　张　8.75
字　　数　140千字
版　　次　2016年7月第1版
印　　次　2022年5月第2次印刷
书　　号　ISBN 978-7-5525-2791-9
定　　价　35.80元

前　言

　　哲人培根说过:"读史使人睿智。"是的,历史蕴含着经验与真知。

　　科学的发展是一个漫长的过程,一代又一代的科学家曾为之不懈努力,这里面不仅有着艰辛的探索、曲折的经历和动人的故事,还有成功与失败、欢乐与悲伤,甚至还饱含着血和泪。其中蕴含的人文精神,堪称人类科技文明发展过程中最宝贵的财富。

　　本系列丛书共 30 本,每本以学科发展状况为主脉,穿插为此学科发展做出重大贡献的一些杰出科学家的动人事迹,旨在从文化角度阐述科学,突出其中的科学内核和人文理念,提升读者的科学素养。

　　为了使本系列丛书有一定的收藏性和视觉效果,书中还汇集了大量的珍贵图片,使昔日世界的重要场景尽呈读者眼前,向广大读者敬献一套图文并茂的科普读本。

　　由于编者水平有限,加之时间仓促,疏误之处在所难免,敬请广大读者批评指正。

编者

目　录

拉瓦锡的自我介绍

自然害怕真空。

——拉瓦锡

名句箴言

自我介绍

我是拉瓦锡，全名叫作安都昂·罗朗·拉瓦锡（Antoine Laurent Lavoisier），于 1743 年 8 月 26 日生在巴黎。我的一生的工作除了到外地参观视察以外，主要成就大都是在巴黎完成的。

从 17 世纪末至 1774 年，也就是我提出燃烧的氧化学说之前大约 100 年间，欧洲流传着的"燃素说"占统治地位。"燃素说"是普鲁士医生施塔尔提出的。照他的理论，可以用下面两个简单的式子来说明燃烧反应：

可燃物＝灰烬＋燃素

金属＝锻灰＋燃素

"燃素学"说实际上是很不科学的，可是却风行了100多年。许多著名的化学家，如舍勒、普利斯特里、卡文迪许都拥护燃素学说。

我原来是学法律的，因为父亲是一位律师，所以从小就培养我学法律。我在1763年20岁的时候，得到了法律学士的学位，并且获得律师开业证书。当时我家里很富有，所以我不急于去当律师，后来的兴趣转向了自然科学。

我最早感兴趣的是植物学，由于要采集植物标本，所以要经常上山。我在这期间，对于气象学发生了兴趣，同时也学会了使用气压计，这使我一生详细记录气象变化而没有停止。

父亲和亲友感觉到我对自然科学有浓厚的兴趣，也就没有再勉强我做律师工作。我从21岁起就专门跟着一位地质学家葛太德从事地质学研究，我们得到了法国政府资助，从而能从事全国地质图的绘制工作。

由于我的地质老师的建议，我转去学化学，当时在巴黎教化学的老师是一位很有名的教授，他的名字是鲁伊勒,教课是很有名的。在巴黎讲课时室内外挤满了听众,不仅有学化学的学生和药剂师,而且有许多社会名流,例如狄特罗和卢梭等人都来听他的报告,在他的报告里主要讲了当时的矿物学和矿物的化学作用。我很用心地听了他的报告,增加了许多化学知识。尽管我的大量工作是关于化学的贡献,可是我一生没有放弃对

卢梭

于矿物的研究。我最早的一篇化学论文是关于对石膏的研究,我在论文中分析了石膏的成分,指出这是硫酸和石灰化合成的,我发现如果把石膏加热以后,就可以放出水蒸气。从这个时候开始,我的老师鲁伊勒就开始使用"结晶水"这个名词了。这个工作使我开始大量使用天平。我把自己的研究成果,在 1765 年

石膏

2 月 25 日向巴黎科学院宣读了,可是我的论文在 1768

年才在科学院院报上发表。

当时法国警察总署委托科学院研究路灯的改良（当时还没有电灯）。我参加了这项工作，设计了各种灯形，可使路灯格外明亮。虽然竞争的结果，没有选出最好的办法，但是法国皇帝赏给我一枚金质奖章，那是 1766 年的事。

当我 22 岁的时候，就有人提出我可以成为科学院的候补院士，当时我得的票最多，另外有一位工程师比我大 10 岁也参加竞选，我比工程师多两票。巴黎科学院就把我们两个人的名字送请法国的部长决定，结果是那位工程师担任了院士，我被指定为候补院士。尽管这样，我的父亲也

天平

感到相当高兴。在 1768 年 3 月之前不久，我被任命为征税官，主要是负责烟草和食盐的税收，这使我有机会视察法国很多地方。

1768 年，我向巴黎科学院宣读了一篇有关浮沉的报

告。因为这个时候,我正在研究矿泉水。当时欧洲纷纷传说,矿泉水可以用来医治多种疾病。在我之前,人们只知道用定性分析来分析水里的主要成分。我用浮沉计可以较快地得出分析结果。根据分析的结果,我写出了两篇论文。

1771 年,我结婚了,当时 28 岁,而我的妻子只有 14 岁。我们虽没有生孩子,一生却生活得非常愉快。她不但学会了做我的助手,并且在我的著作里,很多插图都是我的妻子画的。

到 1775 年,我又担任了皇家火药局局长的职务。我和夫人都到火药局里面去住,而在这个火药局里,我们建成了当时相当好的实验室。后来的大量研究工作,就是在这个实验室里完成的。

自古以来,人们一直认为水是一种基本元素,可是我却不是这样想的。当时英国的卡文迪许派了一位助手来,他告诉我,水是可以分成氢和氧两种元素的。

我为了证实起见,自己重复了卡文迪许的实验,证明了水的确不是一种元素,是可以分解成氢气和氧气的。从此以后,水的成分就确定了。

我告诉卡文迪许的助手,利用很干燥的氢和氧两种气体,燃烧之后,也得到了水。因此古代传说,水是一种元素的话,被证明是不正确的了。

1783 年,法国正有人用氢气使东西升高,成为一件轰动的大事,当时认为人能飞到像云那样高。

法国政府就组织了一个委员会,指定科学院来研究,这个委员会有三位物理学家和两位化学家,我就是这个委员会的成员。经过实验,我用把水滴在加热的炮筒上的方法来产生氢气,并且得到了大量的氢气。1785 年我在兵工厂里做了这个实验,请很多人来参观,从此人们才相信水并不是元素,水被确实证明是由氢气和氧气结合起来的。

在 1773 年,我在实验本子上写下了这样一句话:"我所做的实验使物理学和化学发生了根本的变化。"这从化学史来看,的确是这样的。

1771 年,当时我还不知道布拉克的潜热理论。我观察到,冰和水如果混合在一起,温度保持不变,这就是潜热的作用。只是当时我没有把潜热实验结果公布出来。

到 1772 年,我观测到氧化现象,这个现象使我迈出

硫

了化学革命的一大步。这个革命可以总结为一句话,就是"燃素说"是错误的,我的新化学一度命名为"反燃素化学"。尽管在我之前,瑞典的舍勒和英国的普利斯特里,先后发现了氧气,但是他们并没有利用自己的发现来推翻"燃素说"。

1772 年的秋天,我燃烧了称过重量的磷和硫,发现所得产物的重量大于单纯的磷和硫,并把实验结果分别寄给巴黎科学院。

磷

在 1774 年,我写了一本很重要的书,书名是《物理学和化学的重点》。

1774 年 10 月,普利斯特里去巴黎参观。他和我以及其他法国化学家一起座谈,他告诉我们,如果把红色的汞沉淀加热,可以得到一种气体。这种气体很难溶于水,比起普通空气来,它使蜡烛烧得更光亮。这实际上就是氧,普利斯特里还叫它"脱燃素气"(dephlogisticated air)。

　　我听到普利斯特里的讲话之后,就在1775年也去把红色汞化合物加热,我本来以为可以得到"固定空气"(即 CO_2)。结果得到一种气体,通过石灰水以后不发生沉淀,而蜡烛在气体里点得更光明,所以我得出结论,这不是普通空气,它比普通空气更纯。

　　在1775年4月26日,我在巴黎科学院宣读自己的报告。我对于普利斯特里的发现是知道的,所以在自己的实验报告里,也用了"脱燃素气"这个名称。

　　在1777年3月21日,我在巴黎科学院又宣读一篇所谓"极纯空气"的论文。一直到1779年,我把这些实验放在一起称这为"极纯空气"或为"生气"(vital air)。后来利用希腊文的"酸"和"根"两个字,组成 oxigine 一名。到 1787 年,我和三个人合作的《化学命名法》书里,才用了 oxygene 一名(我

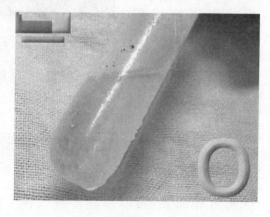

氧

们现在翻译成氧气,德文里至今译成 Sauerstoff,日文利用原字的本意,翻译成"酸素",附带说一句,中文氧气的

命名也有多次的变化，最早是在英国人合信所写的《博物新编》里使用的。这本书在 1855 年出版，用了养气一名。后来到了 1920 年，郑贞文在商务印书馆担任编辑的时候，加了气字头。后于 1928 年，中国化学会讨论决定，用现在这个氧字——编者注）。

1778 年，我又把同一篇报告在巴黎科学院去宣读。这一次我没有再用普利斯特里的"脱燃素气"这个名字了，而是用"极纯空气"一名。

我又做了一种实验，把氧气和氢气（当时叫"可燃气"）放在一起燃烧的时候，可以得到很高的温度，可使铂熔化。我在 1782 年 4 月 10 日，在巴黎科学院当众做了实验，引起了很多人的注意，认为这是当时能够得到的最高温度。

氢

当时氢气就是由我开始用 hydrogen 这个名词的。从此我就更反对"燃素说"了。我曾发表了一篇最出名的文章，题目是《燃烧概论》。这篇文章成为反对"燃素说"的一篇最重要的论文。从此以后，有很多化学家就不再相信"燃素说"了。这也是我一生最重要的论文，这篇论文曾经译成英文、德文、意大利文和西班牙文。

在 1789 年，我写了另外一本很重要的书，书名是《化学基本概念》，这本书也译成了欧洲好几种文字。我给元素加了一个定义："凡是简单的不能分离的物质，才可以称为元素。"

我认为化学的主要目的是分析自然界的许多物质的组成，并且能够用人工方法合成这些物质。我认为现在我们的分析只能达到这样的程度，将来人们的知识发展了，可能还可以细分。

我在发酵的研究工作上，也有过一定的成就。我把发酵分成三类；一类就是酒精的发酵，一类是醋酸的发酵，一类是肉类的发酵。我虽然在发酵方面没有发现酶，但是我在酒精发酵研究方面进行了相当多的工作。我认为糖类发酵，可以得到乙醇、二氧化碳和醋酸。

到了 1772 年，我在巴黎科学院就提升为副教授，1778 年，我担任了正教授。除了这些工作以外，我还在法国政府参加好多委员会，参与一些社会和公益事业，例如改善巴黎医院的设备等。

我的父亲病故以后，我接受了父亲的遗产和爵位。

从 1775 年起,我买了大量的土地,从事农业实验的工作。在 1783 年我把所有的实验结果报告给政府,至今成为法国政府很有名的文件。

建立在"火的学说"上的文明

在古代,产生过许多火的学说。中国的"五行说"中,就提到了火;古希腊的"四元素说"的"水、土、火、气"中有"火";古印度"四大说"的"地、水、火、风"中也有"火"等等。在古人看来,火是一切事物中最容易变化,最积极、活跃的东西。"火"是构成万物的本原物质之一。

有一种群众性的现代体育活动项目叫作火炬赛跑。参加比赛的运动员们高擎着火炬,一个一个地向下传递。这项运动往往吸引不少人参加和观看。当你看到夜色中矫健的运动员高举明亮的火炬奋力前冲的时候,你可曾想到这项运动最早是怎样产生的吗?

早在2000多年前的希腊火炬赛跑就已产生了。人们举着火炬赛跑是为了纪念一个人,严格地说是为了纪念一个神,他的名字叫普罗米修斯,希腊语意思是"先觉

者"。在希腊人民心中，普罗米修斯是人类的拯救者。据说，在宇宙初创的日子里，诸神

宙斯

之间发生了一次大战。战后，宙斯成为诸神的最高统治者，在诸神所在地奥林匹斯山上，没有谁比他的权力更大的，他被称为"众神之父和万人之王"。为了感谢在称王过程中普罗米修斯对他的帮助，他给了普罗米修斯很大一部分权力。宙斯让他到地面上，教会人们制作陶器和各种技艺。但是宙斯告诉他，这一切只可教给男人，绝不可以教给女人和儿童。于是人类才懂得了怎样生产生活中的必需品；也才学会了盖房子、盖神庙，以便用来藏身和崇拜上帝宙斯。宙斯吩咐普罗米修斯："你可以教会他们所有的事情，但绝不能把火给他们。火只能由上帝来控制，火种只能保存在奥林匹斯山上。"

普罗米修斯视为人类造福为是自己最大的幸福,他教会了人们造房子、种田、畜牧和使用牲口,还教会了人们音乐和绘画。但是,他没有把火给人类,因而火在地球上几乎是无法得到的。人们只有用石器来当作工具,一切要使用火才能加工成的工具都是没有的。

雅典娜很清楚普罗米修斯所做的一切,觉得应当帮助普罗米修斯。普罗米修斯觉得人类没有火是难以生

普罗米修斯将火带给人间

存的,于是他请雅典娜把奥林匹斯山上的火种取来。雅典娜带着他从一条小路偷偷地上了奥林匹斯山。他们刚刚到达,正好碰到太阳神阿波罗回来休息。普罗米修斯从阿波罗那里拿到了火把,连忙下山。就这样,普罗米修斯

把火种带给了人间。

普罗米修斯很清楚，他违背了宙斯的命令一定会受到惩罚，所以他以最快的速度教会人类怎样使用火和把火种保存下来。

当宙斯突然发现人间的火光时，立刻想到了是普罗米修斯把火带给了人间。他极为愤怒，将普罗米修斯抓起来，锁在高加索山的悬崖上，每天派一只大鹰来啄他的肝脏，就这样，普罗米修斯一直被折磨了几千年。但是，他的牺牲换来了人类的光明与繁荣，因为正如恩格

被锁住的普罗米修斯

斯所说："火的使用使人类获得'世界性的解放'，从而'最终把人同动物界分开'。"

火对于人类来说具有重要的意义。上面这个神话传说当然不是真的，但它却是由于人类对火的重要性的意识而产生出来的。由于火这样重要，以至于某些地域的人们把火看成神圣的东西而出现"琐罗亚斯德教"，现代运动会要点燃火炬，那也是同古代人们对火的崇拜和保

存火神的方式有关。上古时期要得到火是很不容易的，偶尔有雷电引起的森林大火或者野火燃烧而得到火，烧起来就不敢让它熄灭。

不过，根据考古学发现，生活在旧石器时代的中国猿人，是世界上最早使用火的人。在北京周口店龙骨山北坡猿人居住的山洞里，考古学家发现了很厚的（最厚达6米）烧后灰层，其中有烧过的兽骨和石块。兽骨由于烧过而呈现黑、灰、黄、绿等不同颜色和不规则的裂纹。石块有的熏黑了，有的烧裂了，有的石灰石甚至已经烧成了石灰。在一个洞穴中还发现过一块木炭。周口店的灰烬层，使人得出这样的结论：篝火在当地绵延不绝地燃烧了有数百年之久。"

火种在旧石器早期来自于自然界的野火，猿人只能设法把它保持和延续下去。生活的需要和经验的积累促使人类在旧石器时代的中晚期发明了人工生火的方法。考古学家贾兰坡指出：

北京周口店遗址

"许多考古学家都相信,尼安德特人(以在德国尼安德特地方所发现的头盖骨化石而得名)已经能自造火。河套人(在内蒙古河套地区发现的化石而得名,属旧石器时代晚期)既与尼安德特人同时,又有相同的文化,大概也会自造火了。"从考古学家的发现判定,在旧石器时代晚期,人类住室内灶坑普遍存在,生产力发展水平和人类体质进化程度较高,说明那时人工生火技术已经被熟练

北京周口店猿人塑像

掌握了。人工生火究竟是怎样实现的?我们可从古代文献记载和近代原始部落生活方式两方面结合起来探求这一问题的答案。我国古代的《庄子》一书中说到"木与木相摩则然(燃),金与火相守则流"。《韩非子》中也有"钻木取火"的说法。而海南岛黎族老百姓在解放前

还使用钻木取火的古老方法,这种方法是先折一根山麻木,把它弄成扁平状,再在上面刻下一个浅浅的凹坑,然后再在凹坑边上刻上一条浅浅的缺槽。弄好了后,把它放在地上,再折一根山麻细枝当小

钻木取火图

棍子。人坐在地上用两只脚把刻穴的山麻木踩好,用小棍子一端放在凹穴上,双掌用力搓小棍子,棍子急速回旋,末端与凹穴接触处剧烈摩擦而发热,就会由热而生出火花,把摩擦时落下的一些木屑点燃。然后把木屑放在事先准备好的干茅草里一吹,茅草就燃起火焰。这种方法也就是"钻木取火"。

也有人认为最初的人工生火是用燧石打击得到的。但是用燧石取火,就必须把燧石在铁上打击,而这只有到铁器时代才可能实现。所以最初的人工取火方法,可

以认为只有"钻木取火"一种。

　　火的使用彻底改变了人类在自然界中的位置。人类从吃生食物的"茹毛饮血",到使用火来烧烤熟食,使人的体质和大脑都向前迈进了一大步。熟食不仅减少了疾病的发生,缩短了消化过程,还使脑髓更容易得到它的营养,一代代地迅速发展形成起来。

　　火的使用也使人类获得了重要的保护自身的手段。人类在生存发展过程中,受到的种种

火神庙

威胁和侵害,其中就有来自野兽的袭击。我国古时候,人们把驱逐野兽、驯服野兽当作统治者有能力高低的标准,就说明了这一点。有了火,不仅可以使野兽不敢接近人,还可以用火来围捕野兽。可以说火是人类打猎的原始工具之一。

　　有了火，人类才能够进行冶炼，从而使用金属工具和武器；有了火，人类才能够烧制陶器和砖瓦等等。没有火就没有人类的发展，没有火，夜晚依旧是寒冷而黑暗的世界，火不仅给人以光明和温暖，而且是一切器械制作，化学制作，比如酿酒、染色，医药等等发展起来的先决条件。如果从本质上说，火就是能量，就是力量。运用火就是运用能量，掌握了火、控制了火就是掌握和控制了能量。有了人体以外的能量的开发和利用，才有了人类的进步和发展，否则，人类直到现在也会和动物们相差不远。

　　13 世纪后，欧洲的工业有了长足的进步。在很多工厂中都广泛使用火，如冶炼、做肥皂、蒸酒精等。不同物质产生温度的高低，易燃性程度以及金属锻炼后变为灰烬会增加重量等等问题，引起了人们的重视和思考，迫切需要彻底弄清火及燃烧现象的本质。

瓦拉锡　废旧立新　驳"燃素"倒说

名句箴言

只有人们的社会实践，才是人们对于外界认识的真理性的标准。真理的标准只能是社会的实践。

——毛泽东

第一次科学革命浪潮

伽利略

伽利略奥·伽利略是意大利文艺复兴后期伟大的天文学家、物理学家、力学家和哲学家，也是近代实验物理学的奠基人。他是为维护真理而进行不屈不挠斗争的战士。恩格斯称他是"不管有何障碍，都能不顾一切而打破旧说，创立新说的巨人之一"。

一、伽利略生平

伽利略于 1564 年 2 月 15 日出生在意大利西部海岸的

比萨城，原籍佛罗伦萨，出身没落的
名门贵族家庭。伽利略的父亲是一
位不得志的音乐家，精通希腊文和拉
丁文，对数学也颇有造诣。因此，伽
利略从小受到良好的家庭教育。

伽利略在 12 岁时，进入佛罗伦
萨附近的瓦洛姆布洛萨修道院，接受
古典教育。17 岁时，他进入比萨大
学学医，同时学习物理和数学。因为

伽利略

家庭经济困难，伽利略没有拿到毕业证书，离开了比萨大
学。在艰苦的环境下，他仍坚持科学研究，攻读了欧几里得

意大利比萨城

和阿基米德的许多著作，做了许多实验，并发表了许多有影响的论文，从而受到了当时学术界的高度重视，被誉为"当代的阿基米德"。

伽利略 25 岁就被聘为比萨大学的数学教授。两年后，伽利略做了著名的比萨斜塔实验，触怒了教会，失去这份工作。伽利略离开比萨大学后，于 1592 年去威尼斯的帕多瓦大学任教，一直到 1610 年。这一段时期是伽利略从事科学研究的黄金时期。在这里，他在力学、天文学等各方面都取得了累累硕果。

1610 年，伽利略把他的著作以通俗读物的形式发表出来，取名为《星空信使》，这本书在威尼斯出版，在欧洲轰动一时，为伽利略赢得了荣誉。伽利略被聘为"宫廷哲学家"和"宫廷首席数学家"，从此他又回到了故乡佛罗伦萨。伽利略在佛罗伦萨的宫廷里继续进行科学研究，但是他的天文学发现以及他的天文学著作明显的体现出了哥白尼"日心说"的观点。因此，伽利略开始受到教会的注意。1616 年开始，伽利略开始受到罗马宗教裁判所达 20 多年的残酷迫害。

伽利略的晚年由于照料他的女儿赛丽斯特先于他离开人世，生活极其悲惨。失去爱女的过分悲伤，使伽利略双目失明。即使在这样的条件下，他依然没有放弃自己的科学研究工作。

1642年1月8日,凌晨4时,伟大的伽利略——为科学、为真理奋斗一生的战士,科学巨人离开了人世,享年78岁。在他离开人世的前夕,他还重复着这样一句话:"追求科学需要特殊的勇气。"

二、科学发现

在物理学说方面,古希腊有两大学派,一派以哲学家亚里士多德为代表,另一派则以自然科学家阿基米德为代表。两人皆是古代希腊著名的学者,但由于两人的观点和方法不同,其科学结论也就各异,并形成了鲜明的对立。亚里士多德学派的观点基本是唯心的,他凭主观思考和纯推理方法得出结论,所以是充斥着谬误。而阿基米德学派的观点基本是唯物的,他完全依靠科学实践方法得出结论。

从11世纪起,由于基督教会的扶持,亚里士多德的著作得到了经院哲学家的重视,他们排斥阿基米德的物理学,把亚里士多德的物理学奉为经典,凡是违反亚里士多德物理学的学者均被视为"异端邪说"。但伽利略却对亚里士多德的物理学抱怀疑态度,相反他特别重视对阿基米德物理学的研究,他重视理论联系实际,注意观察各种自然现象,思考各种问题。在伽利略18岁那年,一次到比萨教堂去做礼拜,他发现教堂里悬挂的长明灯被风吹得左右有规律地摆动,他按自己脉搏的跳动来计时,发现它们往复运动的时间总是相等的。就这样他发现了摆的等时性,后来荷兰物理学家惠更斯根据这个原理制成挂摆时钟,人们称之为"伽利略钟"。

伽利略根据阿基米德的学说,作了迅速确定合金成分的流体静力天平的研究,发明了可以测定物质密度的"小天平",写出了名为《小天平》的论文。后来他又潜心研究了物体重心的几何学,1588 年发表了《固体的重心》的论文,引起学术界的注意。第二年,在友人的推荐下,被比萨大学聘任为数学教授。

亚里士多德认为两个物体以同一高度落下,重的比轻的先着地。但伽利略经过反复的研究与实验后,得出了与之截然相反的结论:物体下落的快慢与重量无关。1590 年,伽利略在比萨斜塔公开做了落体实验,验证了亚里士多德的说法是错误的,使统治人们思想长达 2000 多年的亚里士多德的学说第一次发生动摇。而应邀前来观看的一些著名学者却不承认自己亲眼见到的一切,他们群起攻击伽利略。1591 年,伽利略被比萨大学解聘。

从科学史上看,伽利略并不是落体实验的首创者,其首创者是比利时的斯台文。但伽利略的比萨斜塔实验所造成的影响却是更为深远的。

1592 年,伽利略来到威尼斯的帕多瓦大学任教,开始了他科学活动的黄金时期。在这一时期,他研究了大量的物理学问题,如斜面运动、力的合成、抛射体运动等。他还对液体与热学进行研究,发明了温度计。1609年,伽利略制成了天文望远镜,并用这台望远镜去探索宇宙的奥秘,他发现月球的表面凹凸不平,有高山深谷;木星有四颗卫星围绕它旋转;金星和月亮一样有盈有亏;土星有光环;太阳有黑子,能自转。银河是由于千千万万颗暗淡的星星组成。这些发现为哥白尼、布鲁诺的观点提供了有力的证据。对教会的信条进行了严厉的打击。

第二年,他出版了《星际使者》,通俗地向读者介绍他观察到的天空现象,宣传了他的观点。这部著作在欧洲引起了极大的轰动,伽利略因此被称为"天空

哥白尼

的哥伦布"。1613年,他在罗马发表了《论太阳黑子》。该书以书信形式明确指出了哥白尼学说是正确的,托勒密学说是错误的。由此伽利略触怒了教会,开始受到宗教裁制所的审讯。

伽利略在教廷的压制下,仍继续科学研究,在长期观察和研究天体运动的实践中,他更加坚信哥白尼学说的正确

性。1632年1月,伽利略在佛罗伦萨出版了《关于托勒密和哥白尼的两大世界体系的对话》。他在书中用三位学者对话的形式,作了四天的谈话。讨论了三个问题:一是证明地球在运动;二是充实哥白尼学说;三是地球的潮汐。《对话》总结了伽利略长期科研实践中的各种科学发现,宣告了托勒密"地心说"理论的破灭,从根本上动摇了教会的最高权威,从而推动了唯物论思想的发展。这部著作一经出版便受到广大读者的欢迎。但却遭到了罗马教会的反对。伽利略因此而受到了长期的监禁。

托勒密

　　1636年,伽利略在监禁中写完了《关于两种新科学的对话》,这是他一生中另一部伟大的著作。此书1638年在荷兰出版。这部伟大的著作也是以三人对话形式写的。"第一天"是关于固体材料强度的问题,反驳了亚里士多德关于落体的速度依赖于其重量的观点;"第二天"是关于内聚作用的原因,讨论了杠杆原理的证明及梁的强度问题;"第三天"讨论了匀速运动和自然加速运动;"第四天"是关于抛射体运动的讨论。这一巨著从根本上否定了亚里士多德的运动学说。

托里拆利

一、托里拆利生平

托里拆利是 17 世纪西方的一位颇负盛名的科学家。他在 39 岁生日之际,突然病倒,与世长辞。可他在短短的一生中,取得了多方面杰出的成就,赢得了很高的声誉。

托里拆利出生在意大利华耶查城,家里很富裕。他从小就受到了良好的数学教育。十七八岁时,他的数学才能已初露锋芒。于是在他 20 岁时,伯父将他带到罗马,受教于伽利略的学生卡斯德利。卡斯德利是当时远近闻名的数学家和水利工程师,他在数学领域的很多方面都卓有成就,还为水力学创立了科学的基础。卡斯德利见托里拆利年轻聪慧,十分喜爱,便指派他为自己的私人秘书,在学术上给予他指导。

托里拆利对伽利略的《关于两种新科学的对话》一书进行了深刻的研究。从中获得了关于力学原理的发展的很多启发。1641 年,托里拆利出版了《论重物的运动》一书,企图对伽利略的动力学定律作出新的自己的结论。卡斯德利在一次拜访伽利略时,将托里拆利的论著给伽利略看了,还热情推荐了托里拆利。伽利略看完托里拆利论著之后，表示非常欣赏他的卓越见解，便邀请他前来充当助手。1614年，托里拆利来到佛罗伦萨，会见了伽利略，此时伽利略已双目失明，终日卧在病床上。在他生命的最后三个月中，托里拆利和他的学生维维安尼担任了伽利略口述的笔记者，成了伽利略的最后的学生。1642年伽利略逝世后，托里拆利接替伽利略任佛罗伦萨科学院的物理学和数学教授，并被任命为宫廷首席数学家。从此他有钱可以做一些实验研究，不再像以往那样只能从事理论探索。后来，托里拆利大大充实了伽利略的《关于两种新科学的对话》"第五、六两天"的内容。

托里拆利在佛罗伦萨生活了五年，直至去世。在此期间，他进行了大量的科学研究，还结识了画家罗莎，古希腊文明学者达狄和水利工程师阿里盖提，并受到了上层人物们的普遍敬重。他还应邀在秕糠学会作了12次学术演讲，演讲题材广泛，其中有6次是关于物理学方面的。这些讲稿在语词方面均无瑕疵可挑，为常人所不及，是典型的意大利文学作品。他的演讲中还充满着文艺复兴时代的那股斗争精神，抨击了那种尽全力维护顽固守旧势力的天主教思想，多次欢呼伽利略的成就，捍卫伽利略的学说。

二、纠正卡斯德利的错误

托里拆利创立了著名的液体从容器细孔流出的理论，

这是他对力学发展所做的最重要的贡献。当时,水力学权威卡斯德利认为水流的速度跟孔到水面的距离成正比,这一见解又得到伽利略的赞同,无人敢怀疑。托里拆利为了弄清这一道理,认真地做了实验,进行了仔细的测量。结果发现,从器壁小孔流出的水流的速度不是跟孔到水面的距离成正比,而是跟此距离的平方根成正比。水流初速度 v 与桶中水面相对于孔口高度差 h 的关系式为 $v = A\sqrt{h}$(A 为常数)。后人称此式为托氏的射流定律。约在他之后的一个世纪,丹尼尔·伯努利才得出 $v = \sqrt{2gh}$ 的结果。托里拆利后来又通过实验证明了从侧壁细孔喷出来的水流的轨迹是抛物线形状。托里拆利的这些发现,为使流体力学成为力学的一个独立的分支奠定了基础。

三、大气压的测定

空气是否有重量和真空是否可能存在的问题,当时的学术界认识还不是很清楚。主要是受亚里士多德思想的影响,认为"世间万物之中除了火和空气以外均有各自的重量。"并坚持自然界"害怕真空"的说法。伽利略对此说法表示怀疑,他说:"我们不能相信亚里士多德所说的那样,仅仅认为某物是轻的,某物是重的,而应当认识到所有的物体都有其各自的重量,只不过各有重量大小不同和质地疏密之分而已。""如果人们凭感觉和理解都还不能认识到真空的存在,那么凭感觉和理解又如何能否认真空的存在呢?"伽利略曾发现,抽水机在工作时,不能把水抽到 10 米以上的高度,他把这一现象归结为水柱受不了它本身重量的原因,再找不到合理满意的解释。

托里拆利非常赞同伽利略的关于空气有重量和真空存在的说法。在总结前人理论和实验的基础上,托里拆利进行了大量的实验,实现了真空,验证了空气有重量的事实,否定了伽利略的关于真空力的说法。

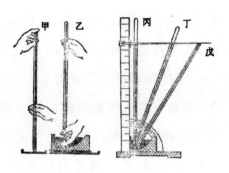

托里拆利实验

大约在 1641 年,一位著名的数学家、天文学家贝尔提曾用一根 10 米多长的铅管做成了一个真空实验。托里拆利从这个实验中受到启发,想到用较大密度的海水、蜂蜜、水银等做实验。他选用的水银实验,取得了最成功的结果。他将一根长度为 1 米的玻璃管灌满水银,然后用手指顶住管口,将其倒插进装有水银的水银槽里,放开手指后,可见管内部顶上的水银已下落,留出空间来了,而下面的部分则仍充满水银。为了进一步证明管中水银面上部确实是真空,托里拆利又改进了实验。他在水银槽中将其水银面以上直到缸口注满清水,然后把玻璃管缓缓地向上提起,当玻璃管管口提高到水银和水的界面以上时,管中的水银便很快地泻出来了,同时水猛然向上蹿入管中,直至管顶。由此可见,原先管内水银柱以上部分确实是空无所有的空间。原先的水银柱和现在的水柱都不是被什么真空力所吸引住的,而是被管外水银面上的空气重量所产生的压力托住的。

托里拆利的实验是对亚里士多德的力学的最后致命打击,于是有些人便妄图否定托里拆利的研究成果,提出玻璃管上端内充有"纯净的空气",并非真空。大家各抒己见,众说纷纭,引起了一场激烈的争论。争论一直持续到帕斯卡的实验成功证实托里拆利的理论后才逐渐统一起来。

托里拆利在实验中还发现不管玻璃管长度多少,也不管玻璃管倾斜程度怎样,管内水银柱的垂直高度总是 76 厘米,于是他提出了可以利用水银柱高度来测量大气压,并于 1644 年同维维安尼合作,制成了世界上第一具水银气压计。

四、在数学上的贡献

托里拆利在数学方面也颇有造诣。他进一步发展了卡瓦列里的"不可分原理",帮它走向后来牛顿和莱布尼茨所创立的微积分学。他在《几何学文集》中提出了许多新定理,如:由直角坐标转换为圆柱坐标的方法,计算有规则几何图形板状物体重心的定理。还成功地结合力学问题来研究几何学。例如,他研究了在水平内的一定速度抛出物体所描绘的抛物线上作切线的问题,还研究了物体所描绘的抛物线的包络线。他曾测定过抛物线弓形内的面积,抛物面内的体积以及解决了其他十分复杂的几何难题。

托里拆利还将卡瓦列里的"不可分原理"以通俗易懂的方式表示出来,受到广大读者欢迎,对"不可分原理"的普及起了推动作用。

惠更斯

一、生平简介

1629 年 4 月 14 日,惠更斯诞生于海牙的一个富豪之家。他的父亲是一个杰出的诗人和外交家。惠更斯从小就喜欢钻研学问,跟父亲学习数学和力学。16 岁时,惠更斯进入莱顿大学,后转到布雷达大学学习法律和数学。1650 年起,惠更斯开始研究光学,同时对天文观测产生了浓厚兴趣。1655 年获得法学博士学位后,惠更斯转入科学研究。在伦敦和巴黎时,惠更斯结识了许多当时著名的科学家,包括牛顿、莱布尼茨等。在巴黎生活的第十五年,法国和荷兰爆发了战争,惠更斯不得不离开巴黎,回到故乡荷兰,过着孤独寂寞的晚年生活。1695 年 6 月 8 日,惠更斯在海牙逝世。

惠更斯

二、摆的研究和运用

惠更斯所完成的最出色的物理学工作就是对摆的研究。很多世纪以来,时间测量始终是摆在人类面前的一个难题。当时的计时装置诸如日规、沙漏等均不能在原理上保持精确。直到伽利略发现了摆的等时性,惠更斯将摆运用于计时器,人类才进入一个新的计时时代。

当时,惠更斯对天体的观察也极感兴趣,在实验中,他深刻体会到了精确计时的重要性,因而便致力于精确计时器的研究。伽利略曾经证明了单摆运动与物体在光滑斜面上的下滑运动相似,运动的状态与位置有关。惠更斯进一步确证了单摆振动的等时性并把它用于计时器上,制成了世界上第一架计时摆钟。这架摆钟由大小、形状不同的一些齿轮组成,利用重锤作单摆的摆锤,由于摆锤可以调节,计时就比较准确。在他出版的《摆钟论》一书中,惠更斯详细地介绍了制作有摆自鸣钟的工艺,还分析了钟摆的摆动过程及特性,首次引进了"摆动中心"的概念。他指出,任一形状的物体在重力作用下绕一水平轴摆动时,可以将它的质量看成集中在悬挂点到重心之连线上的某一点,以将复杂形体的摆动简化为较简单的单摆运动来研究。

惠更斯在他的《摆钟论》中还给出了他关于所谓的"离心力"的基本命题。他提出:"一个做圆周运动的物体具有飞离中心的倾向,它向中心施加的离心力与速度的平方成正比,与运动半径成反比。"这也是他对有关的伽利略摆动学说的扩充。

惠更斯在研制摆钟时还进一步研究了单摆运动,他制作了一个秒摆(周期为 2 秒的单摆),导出了单摆的运动公式。在精确地取摆长为 3.0565 英尺时,他算出了重力加速度为 9.8 米/秒^2。这一数值与现在我们使用的数值是完全一致的。

后来,惠更斯和胡克各自发现了螺旋式弹簧丝的振荡等时性,这为近代游丝怀表和手表的发明创造了条件。

三、光的波动说

在古代和中世纪,哲学家和自然科学家十分关心光的问题。到了 17 世纪,科学家们对光学现象进行了研究,他们通过出色的实验工作,奠定了近代物理学的基础。这个时期,曾经发生了一场关于光的本性问题的讨论。

在巴黎工作期间,惠更斯曾致力于光学的研究。1678年,他在法国科学院的一次演讲中公开反对了牛顿的光的微粒说。他说,如果光是微粒性的,那么光在交叉时就会因发生碰撞而改变方向。可当时人们并没有发现这一现象,而且利用微粒说解释折射现象,将得到与实际相矛盾的结果。因此,惠更斯在 1690 年出版的《光论》一书中正式提出了光的波动说,建立了著名的惠更斯原理。在此原理基础上,他推导出了光的反射和折射定律,解释了光速在光密介质中减小的原因,同时还解释了光进入冰洲石所产生的双折射现象,认为这是由于冰洲石分子微粒为椭圆形所致。

惠更斯原理是近代光学的一个重要基本理论。但它虽然可以预料光的衍射现象的存在,却不能对这些现象作出解释,也就是它可以确定光波的传播方向,而不能确定沿不同方向传播的振动的振幅。因此,惠更斯原理是人类对光学现象的一个近似的认识。直到后来,菲涅耳对惠更斯的光学理论进行了发展和补充,创立了"惠更斯－菲涅耳原理",才较好地解释了衍射现象,完成了光的波动说的全部理论。

四、惠更斯的其他贡献

惠更斯在天文学方面也颇有造诣。他在研制和改进光学仪器上发了大量的精力。当惠更斯还在荷兰的时候,就曾和他的哥哥一起以前所未有的精度成功地设计和磨制出了望远镜的透镜,对开普勒的望远镜进行改良。惠更斯利用自己研制的望远镜进行了大量的天文观测。因此,他得到的报酬是解开了一个由来已久的天文学之谜。伽利略曾通过望远镜观察过土星,他发现了"土星有耳朵",后来又发现了土星的"耳朵"消失了。伽利略以后的科学家对这个问题也进行过研究,但都未得要领。"土星怪现象"成为了天文学上的一个谜。当惠更斯将自己改良的望远镜对准这颗行星时,他发现了在土星的旁边有一个薄而平的圆环,而且它很倾向地球公转的轨道平面。伽利略发现的"土星耳朵"消失,是由于土星的环有时候看上去呈现线状。以后惠更斯又发现了土星的卫星——土卫六,并且还观测到了猎户座星云、火星极冠等。

惠更斯在数学上也有出众的表现,早在 22 岁时就发表过关于计算圆周长、椭圆弧及双曲线的著作。他对各种平面曲线,如悬链线、曳物线、对数螺线等都进行过研究,还在概率论和微积分方面有所成就。1657年发表的《论赌博中的计算》,就是一篇关于概率论的科学论文,显示了他在数学上的造诣。

惠更斯在力学方面的研究,是以伽利略所创建的基础为出发点的。在《论摆钟》一书中还论述了关于碰撞的问题。大约在1669年,惠更斯就已经提出解决了碰撞问题的一个法则——"活力"守恒原理,它成为能量守恒的先驱。惠更斯继承了伽利略的单摆振动理论,并在此基础上进一步研究。他把几何学带进了力学领域,得到了人们的充分肯定。

过去属于死神，未来属于你自己。

——雪莱

名句箴言

浪潮中的化学研究

各学会及科学院的成立促进了化学的迅速发展。

17世纪时还出版了许多重要的哲学著作，对自然科学的发展产生了深远的影响。例如英国哲学家培根在著作中提出了实验科学胜过各种论证的科学。他宣称，进行有组织有计划的实验研究是科学研究的基本方法。培根的哲学观点首先在英国,接着在欧洲其他各国被普遍接受了。

在 17 世纪,古代的原子论学说也开始复活了。但这种原子论学说,像当时的其他学科一样,带有机械论的性质。法国科学家伽桑狄用机械论哲学来解释自然界的尝试,引起了人们极大的兴趣。

伽桑狄力图用原子的形状和大小来说明物质的各种性质,例如热是微小的圆形原子引起的;冷是带有锋利棱角的锥形原子产生的,所以严寒能使人产生刺痛感;固体是靠彼此交错的钩子连结起来的。伽桑狄同时承认原子和真空的存在,他把形成化合物的一群原子叫作分子。他的微粒学说在以后很多年中引起化学家们的重视,但没有得到进一步发展。

探讨和确定自然界中各种物质的基本组成和结构是化学的根本任务,如果占统治地位的仍然是医药化学派的传统和陈旧观念,那么化学就难以向前发展。

将化学引入正途的波义耳

英国人波义耳的科学工作和观念反映了 17 世纪下半期科学中的新思想。他是一位著名的物理学家、化学家,出身贵族,自幼受到良好的教育。经济生活的优裕,并没有使他一味追求享乐，而是把钱财用于科学研究。1646 年，起波义耳在伦敦自己家里修建了实验室并进行科学研究。

1629 年 1 月 25 日，罗伯特·波义耳出生在爱尔兰的利斯莫尔城，他是斯图亚特王朝新贵族科克伯爵的后裔。波义耳在幼年时就表现出非凡的记忆力和语言才能，并且对自然科学产生了浓厚的兴趣。他的父亲经常对儿子的学习热情加以鼓励，并聘请一些优

波义耳

秀的教师给他上课。1635 年波义耳进入伦敦西郊著名的贵族学校伊顿公学学习。三年后，他又和哥哥法兰克一起在家庭教师陪同下来到当时欧洲的教育中心之一的日内瓦过了两年。在这里，他学习了法语、实用数学和艺术等课程，更重要的是，瑞士是宗教改革运动中出现的新教的根据地，他受到反映资产阶级思想的新教教义熏陶了他。波义耳在实际行动中虽然未参与任何一派，但是他在思想上一直倾向于革命。1641 年，波义耳兄弟又在家庭教师的陪同下，游历欧洲，年底到达意大利。旅途中即使骑在马背上，波义耳仍然是手不释卷。在意大利，他阅读了伽利略的名著《关于

两大世界体系的对话》。这本书给他留下了深刻的印象,20年后他的名著《怀疑派化学家》就是模仿这本书的格式写的。他对伽利略本人更是推崇备至。

"化学是什么?",波义耳认为化学实验不单是为了制造贵重金属和医药,应有更广泛的用途。化学是一门实验科学,没有实验,任何新东西都不能被进一步了解。

他对物质的组成和结构进行了研究。用加氯化钡生成白色沉淀来鉴定硫酸,加硝酸银生成沉淀来鉴定盐酸,与氨作用生成蓝色溶液来鉴定铜盐以及其他等等,波义耳还使用了一些指示剂如石蕊液、紫罗兰花等。

波义耳在科学实验中发现到许多同物质内部结构有关的现象。如液体蒸发和固体升华,它们可以弥散于整个空间;盐块溶解后可以通过滤布的微小空隙等。从而他相信物质是由数目众多的微粒所构成。粒子结合成各种粒子团,粒子团聚合而成各种物体。粒子团的大小形状以及运动决定物质的各种物理和化学特性。粒子团作为基本单位参加各种化学反应。

大多数化学家都不赞同波义耳的观点。当时的伟大科学家中,只有英国的牛顿全盘接受波义耳的化学思想。牛顿对化学也很感兴趣,研究了很多化学问题。他发挥了波义耳的微粒学说,并以物质微粒间相互吸引和发生碰撞的假说来解释观察到的各类化学反应。

拉瓦锡废旧立新驳倒"燃素说"

波义耳为新化学的发展指明了方向。科学已指明物质不是由"性质"组成,而是由化学元素组成的。为此,恩格斯曾对波义耳作了高度评价:"波义耳把化学确立为科学。"

大约在 1660 年,波义耳和胡克进行了真正的燃烧化学实验:把水炭或硫黄放在一个器皿中,用抽气机将里面的空气抽尽,然后将器皿强烈加热,木炭、硫黄却不能燃烧。把木炭、硫黄与硝石混合(即黑火药),即使在抽尽空气的条件下,仍会猛烈燃烧。于是得出结论:燃烧必须依赖空气和硝石中所含的某种共同成分。

波义耳于 1673 年对金属煅烧增重的问题又进行了定量的实验研究。他把密闭容器里的金属加热,两小时打开密闭容器,物体的重量竟增加了。于是波义耳又作出结论:加热时有一种特殊的,超微小的"火素"穿过容器的壁进到了金属里,因而增加了它的重量。从而提出了如下公式:

金属＋火微粒＝金属煅灰

波义耳在实验中有一个很明显的疏忽:他只注意到了被加热物质本身的变化,而没有去研究被加热物的周围环境有何变化。具体地说,不应该把实验的瓶塞在加热后打开进行称量比较。因此,直到波义耳死后多年,伟大的质量守恒定律才由俄国学者罗蒙诺索夫创立起来。

名句箴言

生活就像海洋，只有意志坚强的人，才能到达彼岸。

——马克思

「燃素说」的发展史

英国医生梅猷和波义耳处于同一个时期，他通过燃烧和呼吸试验，对燃烧现象做了更进一步的推断。

将点燃的蜡烛，樟脑以及小活鼠置在水面木板上，然后用大玻璃罩扣在上面，发现罩中的空气逐渐减少，但蜡烛熄灭后，里面还剩下大量空气。由此他推算出，空气中含有两种微素，其中一种被蜡烛摄取而"消失"。

无论是波义耳和胡克的燃烧实验，还是梅猷的蜡烛燃烧实验，给人们的普遍感觉是好像有某种东西从中逸出来。至于周围发生了什么变化，他们没有真正意识到。

到了 1667 年，德国医生、化学家贝歇尔出版《土质物理学》，对燃烧现象做了一番系统论述。他认为构成一切矿物、植物和动物的初始元素为土和水。其中土又可分为三类："第一类土"是可溶的和石质的；"第二类土"是油质的；"第三类土"是挥发性的。

贝歇尔

贝歇尔在解释燃烧现象时认为，燃烧是火分解燃烧物的过程。物质的可燃性是由于其中含有"第二类土"（油质的）。可燃的原因也可能是物质中含有硫。

他的学生施塔尔，对贝歇尔的学说倍加推崇，重版了贝歇尔的著

《土质物理学》

述,并加入了一些自己的一些观点。他认为可燃的要素是一种气体物质,它存在于一切可燃的物质中。他把此种要素称之为"燃素"。"燃素"在燃烧的过程中,从可燃物中飞散出来,与空气结合,从而发光发热,这就是火。

有关金属煅烧的变化过程,施塔尔按下面的方程式来解释:

金属＋燃素＝金属煅灰

而按照后来的氧化学说,这一方程则为:

金属＋氧＝金属氧化物(燃素论者的石灰)

因此,燃素可以看成是"负"氧。

从 18 世纪初到 18 世纪末的 100 年里,化学史上称这段时期为"燃素说"时期。"燃素说"的创始人一般认为就是贝歇尔和他的追随者施塔尔。

因为真理是灿烂的，只要有一个罅隙，就能照亮整个田野。

——赫尔岑

名句箴言

"燃素说"的危机

"燃素说"遇到严重危机是在 18 世纪中期，特别是下半期。

这一时期化学在欧洲各国的发展是不平衡的。尤其在分析化学研究和气体实验基础上所获得的新的实验事实，同"燃素说"理论产生了尖锐的矛盾。

这一时期德国的大多数化学家持

有"燃素说"的观点;在英国和瑞典,一批著名化学家则研究化学分析和气体问题,感觉"燃素说"不能自圆其说;在法国,化学取得许多重大发现和研究成果,导致了化学革命;俄国也首次走上了化学历史舞台,如代表人物罗蒙诺索夫,对化学发展做出了重要的贡献。

此外,18世纪英国发生了产业革命,资产阶级意识形态对化学发展也起了巨大影响。所有这些都意味着化学革命即将到来……

反对"燃素说"的罗蒙诺索夫

18世纪的俄国,自然科学和数学都开始了系统的研究工作,但最初没有正规的科学机构,也没有著名科学家。化学也是一样,很多化学品要靠国外进口。

1725年在彼得堡成立了科学院,罗蒙诺索夫就在那工作。罗蒙诺索夫出生于俄罗斯北方的一个农民家庭,童年时靠自学学会了文法和算术,然后离

罗蒙诺索夫

家去了莫斯科,在一所希腊—拉丁学院学习。不久,他被派到德国学习物理学、化学和外语。毕业后回到俄国。1745年当选为俄国科学院院士,并担任化学研究室负责人。1748年按照他的计划建立了化学实验室。

罗蒙诺索夫对化学十分感兴趣,特别是理论化学,他把它命名为物理化学。他承认物质微粒的存在,认为微粒的不停运动是发生物理现象和化学现象的原因,这里他根据的是物质和运动不灭定律。

罗蒙诺索夫对科学进行研究正处于"燃素说"盛行时期,在研究工作中,他不可能忽视当时占主导地位的"燃素说"。但是他不是把燃素看成无重量或具有负质量的轻微气体,而是物质实体。他在著述《论金属光泽》中指出:"铁在酸中的时候,从里冒出可燃气体,它不是别的东西,而是燃素。是由溶液与金属分子摩擦而分离出来的。"这种论点后来同科学家卡文迪许关于燃素本质的结论相同,曾在科学界轰动一时。

罗蒙诺索夫除了理论上有新的见解和观点外,还进行了一些出色的实验,其中重新认识波义耳燃烧化学的实验最为有名。

罗蒙诺索夫将波义耳的称量方式改变了,他在实验前和实验后都不打开瓶塞,而把瓶子和金属一起称量。结果发现,当没有外界空气进入瓶中时,金属的重量保持不变。

由此,罗蒙诺索夫得出结论:当金属炽热时,和金属结合的并不是什么臆想的神秘微素,而是存在于瓶里空气的一部分;金属上所增加的重量应该等于空气中所减少的重量。这就是质量守恒定律。

"燃素说"时期的第一位重要的科学家就是罗蒙诺索夫。他的化学研究工作已经使"燃素说"呈现了危机。可惜当时俄国远离世界科学,未能起到他应有的作用。

"燃素说"虽然有很多缺点和错误概念,但它能用统一的观点来研究和解释完全不同的现象,因而在一定程度上促进了化学的发展。到了18世纪70年代,氧气被发现了,燃烧本质真相大白,"燃素说"退出化学舞台,由此化学沿着正确方向发展。

碳酸气体的发现

17世纪中叶,人们对于"气体""空气"认识很笼统。大多数人认为空气是气体元素,其他气体仅是空气的不同形式,并且气体不参与化学反应。

18世纪,随着一些化学家和医生们对燃烧现象的深入研究,人们逐渐认识到气体的多样性和空气的复杂性。尤其氢气、氮气、氯气和氧气等的发现,以及水、碳酸气等化学组成的确定,形成了"燃素说"时期的气体化学。

拉瓦锡废旧立新驳倒"燃素说"

化学家们能发现和研究各种气体的原因,很大程度归功于一位英国牧师,叫黑尔斯。他发明了一种叫气槽的装置,能制取和收集气体。他利用气槽(产气部分与接受部分是分开的)收集干馏木材所放出的气体。由于当时他墨守传统说法,认为收集的气体不过是空气,所以没有对它们进行化学鉴定。

英国爱丁堡大学的化学家布拉克是第一位气体化学家。

布拉克最初是一位医生,他的研究当时都是同医学研究有关的,他起初是格拉斯哥大学的教授,后来到爱丁堡大学任教。他喜欢讲课时用实验来证明,为人和蔼,所以听他讲课的人很多。

1755 年,布拉克在爱丁堡哲学学会的年会上,宣读了一篇题为《关于镁石·石灰石及一些碱性物质》的实验论文。在论文中,他提出了研究气体的定量方法。他把石灰石加热变成生石灰,再用酸与它们作用。石灰石遇酸产生气泡,而生石灰遇酸则没有这种现象(石灰石为 $CaCO_3$,生石灰为 CaO)。他把这个差异用天平称重的方法检查一下,于是测出生石灰的重量比石灰石减少约一半。他判断是由于某种气体从中逸出。这种气体,他称为"固定空气"。

接着他用"固定空气"同石灰水作用生成白色沉淀,即构成最初的碳酸盐。增加的部分和损失的部分相等。这就表明气体是实物,一种气体能做一种固体的组成部分,毫无神秘之处。"固定空气"就是碳酸气。布拉克发现碳酸气的方法成为定量方法的典范。

布拉克对碳酸气进行研究,其另一重要贡献是初步揭示碱的苛性的本质。过去对碱的苛性的解释,认为它具有亚里士多德的所谓"火素"。布拉克把石灰石加热变成了苛性石灰,不但没有"火素"进入,而是有"固定空气"放了出来,他用石灰水加入温和性碱,草木灰汁(K_2CO_3),就成了强碱(苛性钾),明确了这是碳酸气在起作用,而同"火素"无关。由此他断然否定了"燃素说"。

碳酸气能溶解于水,所以布拉克不能收集到纯净的空气。到了卡文迪许,则对碳酸气进行更深入的研究。他用集气法成功地收集到纯净的碳酸气。并证明与木炭燃烧后产生的气体相同。到了1774年,化学革命的杰出人物拉瓦锡,才最终证明"固定空气"是碳的氧化物,即CO_2。

卡文迪许的贡献

布拉克的同胞、英国科学家卡文迪许是一位自学成才的科学家,他凭借自己顽强的毅力,掌握了丰富的科学基础知识,获得了重要的科学成果。他的一生有五项不朽的工作:氢气的发现和性质;碳酸气与水的关系;水的化学组成;

硝酸的组成；稀有气体的存在。

卡文迪许对气体进行研究的实验是：先把气体收集到装满水的瓶中（瓶倒置在没有架子的集气槽里），然后使气体通过水下面的漏斗向上流，从而把一瓶中的气体转移到另一瓶中。

卡文迪许在实验中还发现，如果空气中含有占总体积1/9的"固定空气"，就会使蜡烛熄灭，酒精吸收"固定空气"的体积是其自身体积的 2.25 倍。

在可燃空气中，卡文迪许提出用稀硫酸或盐酸与锌、铁等金属作用制取氢。他发现"不管用什么酸来溶解同样重量的某种金属，均得到同量的同样气体"。

卡文迪许是英国杰出的物理学家、化学家，为科学的发展做出了重要的贡献。1731 年 10 月 10 日，卡文迪许出生在法国尼斯的一个贵族家庭。他的父亲是英国公爵的后裔，因为他的母亲喜欢法国的气候，才搬到法国居住。卡文迪许两岁时，他的母亲就去世了，所以他形成一种孤独而且羞怯的习性。

一、科研历程

卡文迪许在 11 岁时进入纽科姆博士在哈克尼办的一所中学学习。1749 年，他进入剑桥的圣彼得学院学习。在剑桥，他学习了四年。1753 年，他离开剑桥漫游欧洲大陆。

以后他与父亲一起居住在伦敦马尔特罗大街,他在家里装备了一间实验室和工作室。

卡文迪许一开始只是做父亲的助手。他的父亲是一位杰出的实验科学家,也是英国皇家学会的重要人物。查尔斯的实验技巧非常卓越,备受富兰克林的欣赏。他鼓励儿子热爱科学,并把自己的仪器设备供给他使用。尤其重要的是,父亲把卡文迪许引进伦敦的科学界。1760 年,卡文迪许成了皇家学会会员。

卡文迪许于 1766 年发表了《人造气体》一文,这篇论文记录了卡文迪许对氢气的研究。文中指出,氢气是作为一种独特的物质存在的。并且他还用实验证明了氢能够燃烧。在化学的其他方面,卡文迪许也做出了重要的发现。他研究了 CO_2 的性质,指出由腐烂和发酵产生的气体,与大理石受酸作用而产生的气体是相同的。他还研究了空气的组成,用实验证明了空气中有稀有气体存在。他在化学方面最杰出的贡献是研究了水的组成,并证明了水是氢和氧的化合物,这一伟大发现在化学史上开辟了一个新纪元。

在物理学方面,卡文迪许最初着手研究的是动力学。牛顿于 1687 年出版的《自然哲学之数学原理》一书对卡文迪许的影响很大。他基本上赞成牛顿的观点,但在某些问题上也坚持自己的观点。1798 年,卡文迪许通过扭秤实验,验证了牛顿的万有引力定律。同时确定了万有引力常数和地球的平均密度。

卡文迪许在电学方面的也颇有研究,直到 1781 年才结束,这是他一生中最持久最艰苦的尝试。他首先研究了两个带电体的相互作用,在多次试验的基础上,他明确地指出:同种带电体的相互作用是互相排斥,不同种带电体的相互作用是互相吸引,相互作用力随距离的某次方(小于 3 次)成反比例变化。这为后来库仑发现的库仑定律奠定了基础。他的关键性的实验连同一个推广的理论结果构成了一篇未发表的论文的纲要。卡文迪许先于法拉第证实了电容器的电容与两极板间的物质有关,揭示了电介质极化存在束缚电荷这一事实。他还先于欧姆发现导体两端的电势差与通过它的电流成正比。更令人惊异的是,卡文迪许是在当时还无法测量电流虽弱的条件下,用自己的身体作为一只测量电流的仪表面得出这一正确的结论的。他当时是用手指抓住电极的一端,根据仅仅是手指,还是手指到手腕,或者是手指一直到肘关节都感到电振,从而估计出电流强弱。遗憾的是这些成果当时没有完全公开发表,书面发表的只有两篇涉及的材料并不是最重要的文章。

大约过了 100 年,麦克斯韦用他一生中的最后 5 年的时间,整理了卡文迪许留下的大量的资料、实验记录和文稿,他在 1879 年出版了《亨利·卡文迪许的电学研究》一书,至此人们才得以了解卡文迪许的工作和成果。

卡文迪许还对热的现象进行研究,他用硫黄、炭和玻璃等做实验,发现给它们相同的热量,温度却不一样。从而他得出结论:各种物质加热到一定温度时,所需要的热量各不相同。这一结论对后来发现比热定律有着重要意义。

二、最古怪的科学家

卡文迪许不喜欢那些慕名而来的客人影响他的研究工作。在奉陪客人时,他常常眼睛盯着天花板、脑子里思索着自己实验中的问题,一言不发,常常使客人感到尴尬。他虽然喜欢孤独的生活,但对于别人所做的研究工作却不是不感兴趣。例如,他曾将一些铂送给青年科学家戴维做实验,有时还亲自跑到皇家学会去参观戴维的分解碱类的出色实验。

40岁时,卡文迪许先后继承了父亲和姑妈的两大笔遗产,成为一名很富有的人。正如法国科学家比奥所说的:"卡文迪许在一切学者中最富有,在一切富翁中最有学问。"但财富并没有使卡文迪许的生活方式发生丝毫的变化。他仍然过着俭朴的生活,每天都穿一件褪了色的上衣。他的钱大部分都花在了购置科学仪器和图书上。他利用自己继承来的财富购买了一大批很有用的图书,除自己用外,还慷慨地供其他人使用。一次,他的一个仆人病了,要花钱治病,他随手开了一张一万英镑的支票给他,使仆人惊讶得不知所措。

除此之外,卡文迪许最讨厌和害怕两件事物,一是奉承,他听到奉承的话常常十分窘迫、不知所措;二是女人,他最怕和女人接触,所以终生未婚,而且他每天和女管家之间都用纸条来联系。

1810 年 2 月 24 日,这位 79 岁的老人感到临近死亡了,就吩咐身边一位护理的仆人离开房间,而且不到规定时间不得擅自回来。当仆人回来时,卡文迪许已经孤独的离开了人间。卡文迪许一生性情孤僻,在科学界没有形成一个学派;在民众心中也缺少声望。但他以广博的学识、清晰的推理、罕见的才智在皇家学会会员中备受崇敬。他在英国科学界的地位是牛顿以后最高的,他所具有的数学和实验才能可与牛顿相媲美。可以说 18 世纪的英国科学界任何人的智力都无法与他相匹敌。

氢气、氮气的发现

大多数人认为卡文迪许对氢气的发现做出的贡献最大,但其他人的功劳也不能否认。17 世纪时,海耳蒙特和波义耳等也曾偶然接触过它,除了知道它可燃烧外,别的所知甚少,也没有将此种气体离析、收集起来。1766 年,法国药剂师勒梅里在一篇著述中讲的就是氢气,他用铁、锌等金属同盐酸作用制得氢气,并用排水集气法收集起来;还发现氢气同空气混合后点燃会发生爆炸。1781 年,科学家普利斯特里将氢气和空气放于封闭的玻璃瓶中,用电火花引爆,发现瓶内有小水珠,表明氢是水的一种成分。1782 年,拉瓦锡又做了一些实验,提出水不是元素而是氢和氧的化合物,纠正了长期以来水是元素的错误概念。1787 年拉瓦锡正式命名氢,并确认氢是一种元素。

氮气也是由很多科学家努力才发现的。1755 年,布拉克在实验中已经发现,除"固定空气"外,还有其他剩余下来的气体。便叫他的学生卢瑟福去研究。卢瑟福以动物做实验,把老鼠放在密闭容器里,直到老鼠闷死后,发现容器内空气体积减少 1/10。他又用燃烧白磷来除去剩余的那部分气体,效果甚佳。他对剩余气体得出结论:不能维持生命,可熄灭火。与此同时,英国的普利斯特里也发现了氮气,但他错误地认为是普通空气。1772 年,瑞典化学家舍勒也从事火和空气的研究,他做了下面试验:

蜡烛在一定体积的洁净空气中可维持 80 秒之久,如在空气与"劣质空气(氮气)"的等比混合气体中大约可燃烧 26 秒左右。因此,可以说舍勒是氮元素的真正发现者。

氧气的发现

英国科学家波义耳于 17 世纪中叶提出,化学研究的目的是认识物体的组成,而认识的方法是分析,也就是说把物体分解为元素。化学家们果然在此后的 100 多年中分析出了许多化合物,发现了多种元素。在这些化学家中普利斯特里是位具有代表性的人物。

普利斯特里是一位哲学家、神学家、文学家……化学家。他不仅发现了氧气,还制取和研究了二氧化硫、一氧化氮、氨、二氧化碳等许多气体。他是 18 世纪下半叶研究气体化学的著名的化学家之一。

然而,他对化学发生兴趣,还得从一个啤酒厂谈起。

1733 年 3 月 13 日,约瑟夫·普利斯特里出生于英国约克郡菲尔德赫德。7 岁时丧母,由一位笃信宗教的姑母把他养大成人。他身体瘦削,纤弱多病,说话口吃。年轻时他学习语言、逻辑学和哲学,在这些方面他都是一个罕见的好学生。

1755 年普利斯特里开始接触自然科学,特别是在南特威治的教堂学校任教时,他结识了爱德华·哈鲁德,除了神学之外,他们两人还研究了天文学、物理学和其他自然科学。

普利斯特里

1766 年，有一次，普利斯特里到伦敦购书，偶然遇见了富兰克林。富兰克林正在试图调解就美国东部 13 个州的课税问题的一场争论。富兰克林是美国著名的科学家和政治家。两人在伦敦的会晤，对普利斯特里从神学、哲学等社会科学领域走进自然科学产生了很大的影响。

过了一段时间，普利斯特里接任利兹的一个牧师的管区，在他的隔壁有一个啤酒厂，这正是他在科学上发迹的一个园地。

1767 年 9 月，普利斯特里在利兹又当上了传教士。有一次，普利斯特里到瓦林顿传教，听了一位来自利物浦的托尔纳博士的一堂化学课，使他深感惭愧，觉得自己对化学知识了解的实在很少。心想："如果我连燃烧这样一个不太复杂的过程都不能解释的话，那么，我就是一个不合格的哲学家！"于是，他开始学习有关化学的知识。他建造了一个相当简陋的实验室。普利斯特里 34 岁才开始学习化学、研究化学现象，后来竟然成为伟大的化学家，并做出了不朽的贡献。

普利斯特里虽然起步晚，但是凭借他那顽强的拼搏精神，终于写下了科学史上光辉灿烂的一页。

他博览群书，昼夜研究，攻破一道道难关，一步一步走进化学发明的世界。

1768 年复活节前夕，普利斯特里因为看书时间过长，感到非常疲倦,他想休息一会儿,就来到布莱克叔叔的纺织厂。叔叔答应让他同三个堂妹一起去看看隔壁的啤酒厂,他们对此都非常感兴趣。在参观工厂时,普利斯特里大开眼界,特别是发酵车间,使他着了迷。普利斯特里爬上梯子,躬下身子观看桶中的发酵液体。

"立刻下来,不要对着啤酒汁呼吸,否则你会失去知觉。"大妹妹史蒂文喊道。

普利斯特里很奇怪,赶忙直起身子,离开大桶,询问史蒂文和二妹妹台特是怎么回事。

"我自己懂得的也不多。"台特答道,"你瞧,我确实不知道是怎么回事。"

台特在灯上点着一根细木条,把它举到啤酒汁上面。使普利斯特里惊奇的是,燃烧着的木条立刻就熄灭了。

"呵!这就是说木桶中有另外一种空气。让我也试试。"

普利斯特里重复了一次试验,火焰又熄灭了。在木条熄灭时出现的淡蓝色烟云漂浮在木桶的上面。普利斯特里用手轻轻地推了一下烟云,它就慢慢地降了下去。

"瞧!木桶中储藏着多么有趣的空气呵!它比纯洁的空气重,在这种空气中一切都将熄灭。"

普利斯特里回到家中还在思索着这个问题:"看来存在着好几种空气——一种是一切生物呼吸的纯洁的空气,而另一种是比纯洁的空气还重的空气。生物在后一种空气中难道会死去？不让我在木桶上面呼吸，就是这个缘故吧？"他左思右想，更加兴奋起来。于是他立刻起身，走进实验室，点燃了一根蜡烛，把它放到预先放有小老鼠的玻璃容器中，然后拿盖子紧紧地盖住玻璃容器。过了一些时候，蜡烛熄灭了，不久，小老鼠也死了。普利斯特里立即想到，空气中大概存在着一种什么东西，当它燃烧时就会污染空气。

这个想法一直在普利斯特里脑子里盘旋了好几天。他浮想联翩，为什么冬天大气中的空气是纯洁的呢？自古以来人们就使用火，千万种生物居住在地球上……对于这个问题他只能给予假定的回答——运用逻辑推理的方法。可是，如何证明呢？是不是把被污染的空气加以净化，它就又成为可以呼吸的呢？

普利斯特里做了净化空气试验。他用一个大水槽，在槽底倒了一些水，将一个大玻璃罩口朝下放入槽中。在罩内放一支燃烧着的蜡烛，这样就制得了"被污染的"空气。他想用水净化它，但结果使他发现，水只能净化空气的一部分，而另一部分对生命还是无用：老鼠在其中照样死去。企图使关闭在罩子里的空气恢复具有生气的一切尝试都失败了。普利斯特里如同丈二和尚摸不着头脑。突然，他又想到了植物。于是，便把一盆花放在罩内，花盆旁放了一支燃烧着的蜡烛来"污染"空气。蜡烛很快就熄灭了。可是，几个小时过去了。植物却毫无变化。普利斯特里将水槽连同花盆一起放到靠近窗户的桌子上。第二天早晨,他惊奇地发现,花不但没有枯萎,而且又长了一个花蕾。

可能植物能净化空气吧!普利斯特里兴奋地又点燃一根蜡烛,并且迅速地把它放入罩内。蜡烛继续燃烧,就像罩里充满纯洁的空气一般。过了一会儿,蜡烛熄灭了,"空气又被污染"了。

普利斯特里反复做自己的试验,想确定究竟存在几种空气。

那时候,"气体"这个概念还没有被使用,科学家们把一切气体统称为空气。实际上,普利斯特里在啤酒发酵、蜡烛燃烧、动物呼吸时观察到的气体是二氧化碳。二氧化碳,当时被称为"固定空气"。它是英国化学家布拉克用石灰石和盐酸制得的。由于它能被石灰乳和其他碱液所吸,所以称它为"固定空气"。普利斯特里继续了布拉克的研究工作,证明了二氧化碳也能被水吸收,形成一种有酸味的溶液,就是我们现在所说的碳酸。并且他还发现,将溶有"固定空气"的水煮沸或结冰时,气体就要从水中逸出,水得到净化。与此同时,他还证明,植物吸收"固定空气"而放出"活命空气"(氧气)。这种没有被研究过的"活命空气"维持着动物的呼吸,有了它,物质就会更猛烈地燃烧。

普利斯特里带着上述想法又开始投入制取"活命空气"

的实验中。

有一次,他取了一根粗玻璃管,把一端封闭,装入水银,用手指堵住管口,把开口的一端置于盛有水银的槽中。然后把装有硝酸和铜屑的另一根管子与装水银的管子连接在一起,便开始加热混合试剂。经过短时间的加热,无色的气体把水银排出管外,于是管内充满了新的物质。普利斯特里将管子取出,把它打开,俯身嗅了一嗅,突然惊奇地发现:一种无色气体开始挥发,眼看就变成了棕红色的蒸气,它的强烈味道很像硝酸。因此普利斯特里把这种无色的气体叫作"硝石空气"(一氧化氮)。这种气体一旦和空气中的氧气接触,瞬息间就变成了二氧化氮。

测管试验的结果使普利斯特里从测管试验中发现了两种新的气体,但是,他却没有制取到"活命空气"。这位科学家没有失去信心,仍然继续坚持实验。他对多种化合物进行了试验,意外的制得了"碱空气"(氨)"盐酸空气"(氯化氢)、二氧化硫……他根据观察结果和一些发现写成了《论各种不同的空气》,丰富了近代气体化学的内容。

1767 年,普利斯特里由于哲学方面的突出成绩,成为伦敦皇家学会会员。1772 年,又因为他在化学方面的研究成果卓著,成为法兰西科学院名誉院士。

1774 年 8 月 1 日,普利斯特里在一只大玻璃瓶底放了厚厚一层黄色的粉末——水银灰,把透镜聚焦的阳光投射到水银灰上。光照在粉末上形成了耀眼的光点。普利斯特里细心地观察它,突然发现了一种奇怪的现象:粉末微微地颤动、腾跃,似乎有人在向它们吹风。数分钟过后,在这个地方出现了小水银珠。

普利斯特里认为光就是燃素,他点燃干木条,将它放入玻璃瓶内,想去点燃燃素。气体点着了,而且燃烧得很旺,光焰更亮。他迅速地取出小木条,扑灭了火焰,但是冒烟的木条又重新燃烧起来。

普利斯特里正想对这种新空气进行深入的研究,可是,英国的政治家舍尔伯恩勋爵要他陪同到欧洲去旅行,因为他是普利斯特里的朋友,曾给予他很多帮助,所以普利斯特里只好忍痛割爱,放下这一研究,陪同舍尔伯恩去欧洲旅行。他们对欧洲各国的旅行时间虽然拖得很长,可是却留下了愉快的印象。

在法国,他与拉瓦锡就燃烧问题进行了讨论。拉瓦锡知道普利斯特里在气体研究中取得的进展。他留意着英国科学家的全部出版物,并且用法文作了他们著作的摘要。然而对于一些事实他却有自己的解释,这种解释与普利斯特里的观点截然不同。这两位科学家的会见,对他们两人来说都是必要的,而且也推进了化学的发展。他们在一起讨论了许多问题,可是问题的焦点却是燃烧。拉瓦锡试图对燃烧现象做出正确的解释,然而普利斯特里却是"燃素说"的拥护者。在谈话之后,普利斯特里向拉瓦锡揭示了新空气的秘密,并向他表演了制取这种新空气的方法。拉瓦锡立即着手研究了它,并把氧气的问题和燃烧问题联系起来,创立了新的氧气燃烧理论,揭示了燃烧的本质。因而使"燃素说"彻底破产,使化学发生了一场革命,开创了化学发展的新纪元。

普利斯特里回国后,也继续研究这种新空气,发现它是空气中的一部分。然而这位在政治和宗教上自由的化学家,在化学上却是保守的。他是"燃素说"的忠实信徒。所以他认为这种新空气(氧气)是非常需要燃素的,急不可待地接受木材的燃素,致使冒烟的木条又恢复燃烧了,而且燃烧速度加快。这样普利斯特里把这种新空气命名为"脱燃素空气"。

普利斯特里受"燃素说"的束缚,虽然发现了氧,但却不敢承认它是氧。因此说普利斯特里在科学道路上只看到了树木,还未见到森林。直到 1804 年 2 月 6 日逝世,他也是如此。

最终认识氧的是拉瓦锡。大约在 1777 年,拉瓦锡把它正式命名为"Oxygen",即氧。

普利斯特里取得气体化学的其他成就可以说是显著的,他发明了排汞集气法。普利斯特里研究了硝石气(氧化氮),他把一氧化氮加到空气里,再用碱液吸收生成的二氧化氮,结果用来实验的空气体积减少 1/5。此后不久,他用硝石气作用于湿铁末,得到了一氧化二氮(N_2O)。

以下是普利斯特里的其他几项发现:用硫酸作用于食盐,制得了氯化氢气体;把氯化氨与石灰混合加热,制得了氨气。稍后,他制得了二氧化硫。

同普利斯特里同时代的化学家舍勒对气体的研究也卓有成效。我们先介绍一下他的生平。

舍勒是瑞典人,小时候是药店学徒,完全靠自学不断完善自己在化学和药学方面的知识。他的科学工作的条件很困难:他在私人药房工作,做科学研究只能在工作完成后悄悄进行。在他临死前,自己才拥有一家药房。

舍勒的科学成果是丰硕的。舍勒对氯的研究很深入,也很有影响。1771—1774 年,他在研究一种软锰矿时,发现它不溶于硫酸和硝酸,但易溶于盐酸,同时冒出一股令人"肺部极为难受"的黄绿色气体。经过研究,了解到此种气体微溶于水,使水呈酸性,并且有漂白作用。能使蓝色石蕊试纸几乎变白。另外它还能腐蚀金属,杀死昆虫等。舍勒认为是一种"失燃素盐酸",因而没有最终确定它是一种元素物质。

舍勒在分析化学和药物化学上也非常有名。如酒石酸、柠檬酸、苹果酸的制得,二氧化锰的研究等等。

德国矿物化学家马格拉夫用硫酸与萤石相互作用得到"氟酸空气"。苏格兰解剖学家克留向克在普利斯特里的研究基础上,真正认识到 CO 可以燃烧,且呈现蓝色火苗。

近代化学突飞猛进,日新月异,很大程度上依赖于 18 世纪分析化学的发展和取得的成就。

分析化学的推动作用

分析化学是研究物质的化学组成和分析方法的一门科学。它的发展揭示了一系列新的单质和化合物,极大丰富了人们对化学变化的认识,尤其是定量的了解,为一些化学定律的建立打下了坚实的基础。

对溶液的定性分析早在医药化学时期,已有一定的进展。到了波义耳时期,波义耳根据自己长期的经验,注意到火不能单一地鉴别一切物质。因此,他开始用特定的化学试剂,通过特定的化学反应来鉴定物质。如用硝酸银与盐酸生成白色沉淀来鉴定盐酸,用酸碱指示剂来判定物质的酸碱性等。

与此同时,溶液中的化学反应已开始被广泛研究,其中很多便为分析化学所利用。德国科学家霍夫曼提出以硫酸检验钙质,以氯化铵检验碱质,以硝酸银检验水中的岩盐及矿泉中的硫;格劳贝尔发现氯化银溶于氨水;孔克尔研究石灰与氯化铵作用放出氨的反应。这一时期,分析检验的方法有了新的突破,从过去利用物质的物理性状为主,发展到广泛利用化学反应为主。分析检验方法的多样性、可靠性和灵敏性都大大提高了。

18世纪,工业迅猛发展,推动了地质学、地球化学的发展,而这些学科又以分析化学为前提。所以分析检验的要求越来越高,分析检验也从定性检验逐渐发展到较高级的定量检验,以前起过重要作用的干法吹管法,逐步到走向系统化的湿法定性分析。

有关溶液中的化学反应,前一时期对常见的三种矿物酸与一些金属溶液间的反应,了解得比较清楚了。而对碱类与金属溶液间的反应则所知甚少,因此需要通过分析化学,来进行认真的研究。

德国人马格拉夫,是18世纪著名的定性分析化学家。他继承前人的工作,系统地研究了金属溶液同碱液及氨水反应时所显示的品性。

马格拉夫最重要的成就是分辨 K_2CO_3(来自草木灰)与天然碱(即苏打,Na_2CO_3),通过他的认真研究,焰色检验就成为鉴别这两类盐的手段了。

黄血盐的发明,为分析化学提供了一个非常重要的试剂。最初是一个叫狄斯巴赫的德国涂料工,偶然中他用草灰和牛血一起焙烧,然后经浸取、结晶的手续后,得到一种黄色晶体,并发现它同铁溶液生成鲜艳的蓝色沉淀,是一种良好的涂料。但他的老板,一个涂料商却对此法严格保密,并把它以"普鲁士蓝"的名字出售,直到1725年制法才被公开。

马格拉夫大约在 1745 年才自己合成了此种试剂。他用此试剂检测出石灰石、矿泉水里的铁质。

在"燃素说"时期,一些新的元素和化合物被发现,新试剂和新的分析方法也丰富起来。

18 世纪,分析化学迅猛发展,这就需要化学家把它系统化。瑞典著名的分析化学家贝格曼经过努力,解决了这一问题。贝格曼一生陆续编著过很多书,全是系统总结当时分析化学发展所取得的成就的,成为研究分析化学发展史的重要资料。从贝格曼的著作中可见到不同物质的不同鉴定方法。例如以硫酸鉴定钡(即硫酸中的硫酸根离子同钡离子反应,生成白色硫酸钡沉淀),以肥皂水检验酸类及碱土等办法。贝格曼还规定了湿性分析的更详细的步骤。正确使用酸碱试剂的方法也应归功于他。因此直到今天在分析化学中仍保留他所倡导的一些反应。

贝格曼虽然为分析化学的发展提供了新的见解和观点,但是他的实验数据的准确度却比较差。他的同时代人瑞典医生文策尔所测的实验数据,准确度大大超过了贝格曼,现摘录如下,以作为那段时期定量分析的典范。在 18 世纪中期,尽管"燃素说"统治着整个化学领域,但已有不少化学家开始对其怀疑。当时是资产阶级革命时期,法国科学繁荣昌盛。因此,欧洲其他的许多科学家都赞同法国科学家所提出的许多发现和新的科学原理。

自然害怕真空。

——拉瓦锡

名句箴言

推翻『燃素说』的勇者

在 1743 年 8 月 26 日,拉瓦锡出生在巴黎。母亲在他童年时不幸去世,华尔兹将他带大。11 岁时,拉瓦锡进入当时巴黎的名牌学校——马札兰学校,受到了良好的启蒙教育。少年时就爱上了自然科学,在校时一直潜心钻研自然科学问题,并逐渐加深了这方面的兴趣。21 岁大学毕业后,拉瓦锡决心做一名科学家,而不是继承父亲的法官职务。这在当时需要很大的勇气。拉瓦锡拜法国的著名科学家为师,刻苦学习了数学、天文学、植物学、化学和地质矿物学等科学知识,打下了深厚的基础。

起初,拉瓦锡对地质学和气象观测极感兴趣。从 20 岁开始,他坚持每天进行气象观测,并详尽的记录下来。他对地质学的爱好是受了一个著名地质学家的影响。早在念大学时,他就经常跟随这位老师去欧洲各地进行地质调查旅行。银装素裹的阿尔卑斯山脉使拉瓦锡流连忘返。他每天忙于采集各种标本,记录各种情况,准备食品和各种杂

拉瓦锡

物。他像一只勤劳的蜜蜂似的吸吮着知识，积累着科学研究成果。他最早发表的关于石膏的论文，就是在白雪皑皑的阿尔卑斯山中写成的。

18世纪中叶，法国城镇的市政建设还是比较落后的，城市街道的照明主要采用燃油灯。每天傍晚需要一个人拿着长杆去点燃，第二天清晨再由人去熄灭，既麻烦又不经济，昏暗的街灯常常发生交通事故。1765年，法国科学院以巨额奖金征集一种使街灯既明亮又经济的设计方案。拉瓦锡通过大量实验，提交了自己的设计方案。虽然没有获得奖金，但他的设计方案构思精巧、论证清晰合理，因而被特别授予优秀设计方案的金质奖章。隆重的颁奖仪式和激动人心的科学研究收获，使拉瓦锡坚定了终身从事科学探索

燃油街灯

的信念。这件事在拉瓦锡的科学生涯中留下了深刻的印象,不断鼓舞他向科学的高峰攀登。

拉瓦锡从事的科学研究是以研究街灯的形式开始的,但使拉瓦锡接触到了燃烧及其现象问题。为了检查灯具的亮度和观察燃油的燃烧效果,拉瓦锡把自己关在一间漆黑的屋子里数天,连吃饭都要别人送进去。从一开始,拉瓦锡就以精细缜密、一丝不苟的态度,吃苦耐劳、勤于思考的精神对待科学研究。这些优秀品质使他攻破了许多科学难关,成为出色的科学大师,为人类做出了巨大的贡献。

化学界当时仍然有不少人相信"水能够转变为土"。其依据是在玻璃蒸馏器中多次进行水蒸馏实验,每次都有泥沙样物质残留在蒸馏器底。他们认为这些土是由水转化来的。就

拉瓦锡设置的密闭蒸馏器

好像平时我们烧开水,时间一长水壶底总留有一些水垢一样。拉瓦锡为了彻底解决这一问题,设计了一个实验,用密封的蒸馏器进行蒸馏水的操作。连续加热了整整 101 天。精密的测量反应前后水的总重量和反应器皿的重量,发现

在器皿底部沉淀的泥沙状物的重量,大致等于该仪器减少的重量。真相大白了。原来,容器的"土"是玻璃器皿溶解于水而产生的。通过这一实验驳倒了水转化为土的传统说法。拉瓦锡向全世界郑重宣布,水不能转化为土。这一说法从古埃及尼罗河水泛滥带来大量泥沙时就形成,一直流传到18世纪中叶,拉瓦锡纠正了错误。

　　这一成果很快在整个法兰西轰动了,拉瓦锡成了家喻户晓的科学名人。此时拉瓦锡的心态是:"科学是一场无止境的竞赛,我要无愧于法国,无愧于科学。"从此,他更加勤勉,兢兢业业,决心向智慧女神索取更多的财宝。接着他又一次将科学研究瞄准了燃烧现象,决心揭开普罗米修斯圣火的奥秘。

火是由物质燃烧中的化学变化过程所产生的光芒和热能的可见现象

　　人们早在拉瓦锡之前的100多年已经提出了一种关于燃烧的理论,认为燃烧是"火素"放出的过程。当燃烧时火焰是向上飞腾离去的,其中夹杂的许多火星就是火素，也叫作"燃素"。当时人们都把这种观点叫作"燃素说"。它统治化学界长达 100 多年之久。然而，随着社会生产技术和科学研究的不断发展，揭露了燃素说的许多破绽，例如燃烧木材和煤炭之类的东西，重量呈减少的状态；燃烧锡或铅等金属非旦重量没有减少，反而出现增重现象。这就迫使人们重新审视燃烧理论。

拉瓦锡在完成水不能转化为土的实验以后，开始研究燃烧现象。当时，拉瓦锡的朋友和一些好心人劝他不要冒那么大的风险，失败了会有损名誉。燃烧问题在 18 世纪下半叶是一个深奥难弄的东西，摧残了不少才华横溢的研究者，朋友们的担心是不无道理的。拉瓦锡回答说："科学研究不能挑软的，必须硬碰硬。"他全身心地投入了研究燃烧现象之中。首先，他详尽收集了前人关于燃烧的研究成果，加以认真地审视和分析，力图从中找出难点所在。他收集了著名科学家海尔孟特、波义耳、施塔尔等人对此的研究资料，一连几天

拉瓦锡

的阅读思索,有时连吃饭的时间都给忘记了。这样经过两个多月的研究,他发现了以前人们忽视的一个问题:加热燃烧金属增重的原因。经过思考,他认为金属增重的原因是吸收了空气的原因。他将这一段的研究结果密封起来放入科学院的保险柜中。他不愿意让人们看到没有实验证明的结果和结论。

1774 年 4 月,拉瓦锡发表论文,用实验确证了金属能与空气中的某种物质相结合的事实,但他始终苦于找不到将它分离出来的方法。正在这

拉瓦锡和妻子玛丽在一起工作

时,发生了一件科学史上"双星汇聚"的事件,使拉瓦锡茅塞顿开,一鼓作气乘胜拿下了燃烧理论这块高地。了解这件事得从拉瓦锡美满幸福的家庭说起。

28 岁时拉瓦锡结婚,娶了一个既聪明又美丽的姑娘玛丽·包兹。玛丽是拉瓦锡的贤妻和得力的科学助手,她不仅在拉瓦锡实验室里担任记录,还精通多种语言,可以为拉

瓦锡担任科学翻译。玛丽堪称多才多艺,拉瓦锡所著《化学纲要》,是化学史上"四大名著"之一,书上的全部插图及其刻版都是出自玛丽之手。拉瓦锡家境富有,比他在科学界的多数同事的状况好得多。玛丽好善乐施,拉瓦锡也毫不吝啬,一生中多次为非利己目的拿出了巨款。因此,拉瓦锡家成了法国甚至欧洲著名的"科学沙龙"。法国的科学家愿意到这里聚会畅谈,外国科学友人也乐于来这里造访逗留。

1774 年 10 月,英国的化学家普利斯特里访问巴黎,法国著名科学家在拉瓦锡宅邸举行宴会,欢迎这位英国的伟大化学家。宴席间,普利斯特里介绍了他的实验研究情况。

"女士们,先生们,我现在告诉大家一个惊人的消息。"普利斯特里用他带有浓重英格兰口音的法语说道。

顷刻之间,喧嚷的宴会一点声音也没有,所有的目光都投向普利斯特里。他顿了一下,缓慢而又自豪地介绍了三个月前的实验发现。原来,普利斯特里用口径很大的聚光火镜,加热汞灰(即现在的氧化汞)时收集到一种助燃作用极强的气体,他将这种气体叫作"脱燃素空气"。

普利斯特里不无矜持地说:"我发现的'脱燃素空气'将证明'燃素说'是千真万确的理论。"众人纷纷喝彩。拉瓦锡皱了一下眉头,沉思了片刻,忙跑到壁炉台上取下笔记本记了点什么,又回到桌边。一会儿,他大声宣布"为了伟大发现干杯"。宴会散了以后,拉瓦锡仍旧处于极度兴奋之中,普利斯特里的发现真是太好了,太及时了。

普利斯特里信赖"燃素说",他虽然发现氧气却没有揭开燃烧的奥秘。真理碰到了他的鼻子尖,可还让他错过了,真是遗憾至极。

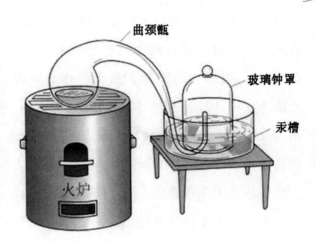

曲颈甑

玻璃钟罩

汞槽

火炉

研究空气成分的装置

不久,拉瓦锡重复了普利斯特里的加热实验,认识到汞灰分解出来的是氧气。拉瓦锡又用制得的气体逆向重新和汞作用,结果又生成了汞灰。拉瓦锡全明白了,燃烧就是可燃物质与氧气结合生成氧化物的过程。直到 1777 年拉瓦锡通过水分解得到两种气体,再将两种气体燃烧又得到水。实验使他弄清了空气是由氧气和氮气组成的原理。火的产生就是可燃性物质与空气中氧元素相结合的结果。从此,确立了科学的燃烧理论,推翻了"燃素说"的错误。氧元素就是拉瓦锡取的名字,"氧"这个汉字是清代中国著名化学家徐寿造的字。

拉瓦锡在确定水的组成、确立质量不变定律和化学术语的改革等几个方面也做出了伟大的贡献。拉瓦锡死于1794年5月,当时正是法国资产阶级大革命时期,巴黎人民攻陷了代表封建王权统治的巴士底狱,资产阶级取得了社会统治权,实施白色恐怖。拉瓦锡作为征税承包业主替封建国王收税,激起了资产阶级当权者的憎恨,他们以显然罪不当死的罪名,宣判了拉瓦锡等人的死刑。后来,社会激烈动荡过去以后,巴黎市政厅为拉瓦锡平反,人们集资募捐为拉瓦锡建立了全身塑像,举行了隆重的葬礼。

人民忘不了科学家做出的不朽贡献。许多科学史家盛赞拉瓦锡为"近代化学之父",因为他为化学发展做出了前无古人、后无来者的贡献。第二次世界大战纳粹占领法国巴黎期间,恰逢拉瓦锡诞辰200周年纪念日,巴黎人民不顾纳粹匪帮严禁三人以上集会的禁令,成千上万的人自发涌向拉瓦锡文物纪念馆,向这位法国伟大的科学家致敬。现在法国人民将拉瓦锡视为法兰西的优秀儿子,化学界景仰这位伟大的化学家。科学史家将拉瓦锡的伟大化学实践视为推翻"燃素说"的一场"化学革命"。

17世纪以来,欧洲的资本主义生产关系逐渐确定,工业蓬勃发展,冶金、陶瓷、肥皂、玻璃等工业发展很快,人们急需了解燃烧的本质。于是科学家们把注意力集中在探究燃烧的秘密上。

拉瓦锡废旧立新驳倒"燃素说"

1703 年,德国医生兼化学家贝歇尔(J. J. Becher,1635—1682 年)和他的学生施塔尔(G. E. Stahl,1660—1734 年)共同提出著名的"燃素说"来解释燃烧现象。1744 年,英国化学家普利斯特里用聚光镜加热氧化汞得到了氧气。后来,拉瓦锡从中得到启示,苦思好几天后,终于设计出一个具有划时代意义的实验。他在曲颈甑里放入 4 两汞,曲颈甑用玻璃钟罩罩上,并且跟水银相通。钟罩和甑的体积是 50 立方厘米。把曲颈甑在火上加热,开始时汞沸腾了。加热到第二天,汞面浮起红色鳞斑状渣滓。继续加热,渣滓不断增加。连续加热 12 天,到红色渣滓不再增加才停止实验。冷却后测定空气的体积是 42 立方厘米,减少 1/5。

拉瓦锡纪念章

红色渣滓重 45 两,比原先的汞重。把点燃的烛火伸入玻璃钟罩内,烛火立即熄灭。放进小鼠,小鼠立即窒息而死。接着,拉瓦锡把红色渣滓收集起来加热分解,又得到汞和无色气体,汞重量为 40 两,收集到的气体体积正好等于原先减少的体积。把这个气体再放入钟罩内,得到的混合气跟空气性质完全一样。

拉瓦锡已有足够论据推翻"燃素说",同时建立新的氧化学说了。拉瓦锡进一步指出燃烧绝不是可燃物放出燃素,而是它跟空气中的氧气发生猛烈的作用,从而放出光和热来。空气是混合物,它由能维持燃烧的氧气(约占 1/5)和不能支持燃烧的氮气(约占 4/5)混合组成。物质在空气中燃烧必须消耗氧气。金属在空气中加热时,金属跟氧气化合而生成氧化物,所以质量增加。非金属和有机物在空气中燃烧,由于生成气态非金属氧化物或水等,散佚到空气中,剩下灰烬,所以质量比先前减轻。

　　拉瓦锡氧化学说的建立,是化学史上一次伟大的革命,也是一个伟大的里程碑。它推翻了统治化学界 100 多年的"燃素说",代之以科学的氧化学说,从而使化学在科学的道路上不断前进。

拉瓦锡及其他一些化学家的卓越研究,给整个化学界以强烈的启示,激起他们对这门科学的高度热情。下面谈一谈从 18 世纪末到 19 世纪间拉瓦锡在法国的拥护者。

在拉瓦锡的著名支持者中,首推德莫沃。他是一位教授,研究的主要是化学分析和化学工艺方面的问题。最初他支持拥护"燃素说",后来他首先提出化学命名法的概念,并赞成拉瓦锡的氧化学说,在与拉瓦锡合作制定化学命名方面起了主要作用,其功不可没。还有一位化学家孚克劳,他是拉瓦锡氧化学说的坚定支持

贝托雷

者,其主要功劳是通过各种途径,进一步促进氧化学说在各国的广泛传播。拉瓦锡最著名的支持者应算是贝托雷。贝托雷自青年时就对化学产生了浓厚的兴趣,积极研究有关方面的问题。1785 年,他首先承认氧化学说,并同拉瓦锡一起进行有关的试验。此外,贝托雷在分析盐水的基础上,提出了化学亲和力的理论。

化学发展史上其革命的他命

名句箴言

真理的小小钻石是多么罕见难得，但一经开采琢磨，便能经久、坚硬而晶亮。

——贝弗里奇

凯库勒与苯环

在19 世纪 50 年代，卓越的化学家奥古斯特·凯库勒，首先揭开了有机化合物的结构之谜，为有机化学结构理论的建立奠定了基础。

1847 年，18 岁的凯库勒考入了德国著名的高等学府吉森大学，当时属于德国黑森公国。美丽的校园像一座万紫千红的花园，大学生们吸吮着知识的花蜜,充实自己的头脑,渴望成为国家和社会的栋梁。

吉森大学对学生管理比较宽松,允许他们选择自己喜爱的教授。进入吉森大学不久,凯库勒就面临着艰难的选择。凯库勒是学习建筑学课程的,已经修完几何学、数家、制图和绘画等十几门建筑专业的必修课,原本可以成为一名优秀的建筑师。早在他进入吉森大学之前,就为达姆斯塔德设计了三所房子。可是,他在吉森大学偶然参加了一次开庭审案,改变了他的人生道路。

李比希教授深受大学生们的尊敬和喜爱。同学们多次劝诱凯库勒去听李比希教授的化学课,他都没有去。因为

李比希

他对化学毫无兴趣。此时,他正期待修建比哥特和巴洛克式风格还要别致的新型建筑。这时,轰动一时的赫尔利茨伯爵夫人案件发生了。当人们得知,案件的判决将取决于

李比希教授的结论时,纷纷前往开庭审案的黑森法庭。在法庭的休息厅,凯库勒见到了大名鼎鼎的李比希教授。教授手里拿着伯爵夫人价值连城的戒指,宝石戒指上两条金属蛇缠在一起,一条是赤金的,一条是白金的,精美极了。凯库勒好奇地瞧着这件宝物。李比希测定了金属的成分,他的话可谓一言九鼎。李比希教授用平和、坚定的语气对大家说:"白蛇是金属铂,即所谓'白金'制成的……现在伯爵夫人侍仆的罪行是明显的,因为从 1819 年起,白金才用于首饰业中,而他却硬说这个戒指从 1805 年就到了他手中。"

在案件审理中,李比希以清晰的逻辑分析,确凿的实验结论,使罪犯最终供认了盗窃戒指的事实。

此后凯库勒终于忍不住去听李比希教授的课。课堂上,李比希的化学课贯穿着巧妙的幽默,其中不仅包括丰富的化学知

李比希实验室

识,而且还介绍了与化学有关的多种学科的知识,如生物学、农学、哲学等方面的知识,引起了凯库勒的极大兴趣。

凯库勒听过第一堂化学课之后,就决定经常去听。这位世界闻名的教授,给他留下了深刻的印象,于是化学如同磁石一般,愈来愈强烈地吸引着他。不久,凯库勒说服了亲友们,打定主意抛开建筑学,转向化学研究。

经过艰辛的努力,凯库勒于1849年秋以优异的成绩,跨进了李比希的化学实验室。在吉森大学,这是一种莫大的荣誉。凯库勒投身化学的时期,正是有机化学成为化学研究主流的时期。当时,化学家们发现了有机化合物大量存在的事实,也合成出许多罕有的有机化合物。丰富的有机化学知识,为人类打开了新世界的大门。但是,这些基本上都是在盲目探索中前进的。

凯库勒看到有机化学研究缺乏理论指导与实践,决心致力于这方面的研究。为了描述醋酸的结构,人们使用了19种表达方式。各种观点矛盾、对立,有机化学界一片混乱。凯库勒经过10年刻苦钻研,已经在化学各个领域中颇有建树,成为一位优秀的化学家了。1859年春,凯库勒担任了根特大学的化学教师。他在根特化学实验室集中研究了有机化合物的主干——碳链问题。人们知道,自然界中的碳原子,不像无机元素那样单个的组成物质分子,而是在碳原子之间形成手拉手似的碳链。短的链有几个碳原子,长的链有成百上千个碳原子。通过醋酸的氯化研究,凯库勒认识到,碳链在化学反应中是不变的,牢固稳定的。他用醋酸、琥珀酸、富马酸及顺丁烯二酸等有机化合物，进行了一系列实验研究。

凯库勒表述了碳链的见解，提出了有机化合物的结构理论。他以碳四价为核心，建立起碳链结构理论。后来，经过俄国著名化学家布特列洛夫的完善，成为经典的有机化合物的结构理论。

凯库勒在根特大学向学生进行系统化学教学时，意识到应该编写一本有机化学的新教科书。在收集资料过程中，凯库勒深深地感到了化学界理论上的混乱。为了提高化学家的理论统一性，1859 年秋，他来到卡尔斯鲁厄。凯库勒和卡尔斯鲁厄高等工业学校的化学教授卡尔·魏尔青，一起讨论关于召开世界化学家会议的想法。45 名欧洲各国著名化学家也曾联合呼吁，召开一次国际化学家大会，解决化学家们在化学价、元素符号、原子和分子概念等方面的问题。凯库勒的想法得到了世界化学界的响应。经过凯库勒、魏尔青、武兹和霍夫曼等化学家耐心细致地组织，1860 年 9 月 3 日在德国卡尔斯鲁厄城召开了第一届世界化学家大会。来自十几个国家的 150 位化学家汇集卡城，讨论化学理论发展中迫切需要解决的问题，在这世界科学发展的历史上还是首次。

卡尔斯鲁厄会议解决了无机化学存在的混乱问题，但是对于凯库勒研究的有机化学结构问题却没有深入讨论。

会议的中心人物不是会议发起人凯库勒，而是意大利化学家康尼查罗。化学家会议虽然很成功，但是凯库勒却不满意。康尼查罗复活了他的同胞阿伏伽德罗的分子假说，使无机化学达到了系统化、明晰化的程度，赢得了化学界的好评。而凯库勒提出的关于有机化学问题，却被化学家们淡忘了。

凯库勒的科学探索是超前的。当绝大多数化学家为无机化学所困扰时，凯库勒却开始研究比无机化学更为复杂的有机化学问题，所以未能引起众人的兴趣。

卡尔斯鲁厄会议使无机化学的许多问题得以解决，凯库勒的问题仍然没有解决。不久苯的结构问题又一次难住了凯库勒。

苯是一种重要的有机化合物，自从法拉第从煤焦油中分离出来以后，一直没有人进行深入研究。后来，化学家们研究苯的化学性质，又使有机化学结构理论飘忽不定。实验和理论的矛盾引起了凯库勒的思索。

简单的有机物化学实验都表明，碳在有机化学反应中呈链状结构，这一点本来已经是确定无疑的，可是突然之间冒出来一个"怪"苯。它的实验表明链状结构理论是"错误"的。那么，错误在哪里？凯库勒精心研究了苯，苯的 6 个碳原子应该形成一条链呀！但是化学反应实验却不以人们的意志为转移。苯的 6 个碳原子和 6 个氢原子是如何排列的呢？面对苯实验的挑战，有的化学家宣布应该放弃以前的碳链学说。凯库勒却坚持认为碳链理论是建立在以往实验基础上的，不能轻易抛弃凯库勒提出几十种苯结构的碳原子排列法，但是经过仔细推敲后，他又都放弃了。碳链理论正确，凯库勒坚信这一点，但是，它又无法解释苯的化学性质等问题。

　　凯库勒因为苯的结构问题而筋疲力尽，工作难以推进。这时期，凯库勒妻子又死于难产，他沉浸在无限的悲痛之中。唯有拼命的工作才能够给他带来一点安慰，于是他把自己关在实验室里以求解脱。

　　有一次，凯库勒在梦中还在工作着，他看到 6 个碳原子像蛇一样连成了一条链子，弯弯曲曲地蠕动，忽而又跳起奇形怪状的蛇舞来了。一会儿，他又看到李比希在赫尔利茨伯爵夫人案件中那只蛇形戒指。是的，在他的手掌上就放着那只蛇缠绕的宝石戒指……

　　凯库勒醒来时一下子有的灵感。灵感的火花一下子冲开了凯

凯库勒提出的苯分子的几种结构

库勒的思维阻塞，平日苦思冥想的各种思路，一下子连接起来了。碳链理论根本没有错误。苯不过是一个首尾相接的

环形链子。苯的分子是个环状的碳链构成的分子,仍然是链状的! 凯库勒从此把研究重心转向环状碳链的角度上来了。

凯库勒解决了苯的结构问题。1865 年 1 月,载有凯库勒"论芳香族化合物——苯的结构"论文在法国科学院通报刊出了。科学史上又创立了一个崭新的有机化合物结构理论——环状碳链理论。

凯库勒关于苯环的理论,解决了有机化学结构理论的问题,又使人类进入了复杂有机化合物的研究领域,启迪了一代化学家。他们在研究生物大分子过程中,也采取凯库勒的环状结构思维方式,进一步将它发展成为平面网状、立体网状等多种有机物质结构理论,为人类探索生命运动、研究蛋白质、核酸等大分子结构,奠定了牢固的基础。

有机化学结构理论在凯库勒之后得到了迅速发展,成为化学研究的主导方向。如果说,19 世纪是无机化学的世纪,是小分子的世纪,那么 20 世纪则是有机化学的世纪,是大分子、高分子的世纪。凯库勒 1896 年 6 月 13 日,逝世于柏林,终年 67 岁。

名句箴言

劳动是财富之父，土地是财富之母。

——威廉·配第

肖莱马与异构现象

肖莱马，是有机化学领域内一位卓越的理论家。他敢于向当时的权威挑战，勇于提出新问题、新观点，开拓新的理论思路。

有机化学是19世纪发展起来的，是一门新兴的科学。化学工业，特别是煤焦油、石油、染料、药物与基本有机合成工业不断发展，促使许多人开始研究有机化学,而有机合成、有机分析的发展又为有机化学提供了丰富的实际资料,所以新的发现接连不断。这就要求人们从理论上加以概括,以便寻找规律性的东西来指导有机化学的实践。早在19世纪前期,就有许多化学家对有机化学进行了初步探索。一开始是贝采利乌斯把无机化学中的电化学理论照搬到有机化学方面,建立起所谓的"二元论"。他认为有机物像无机物一样,分为正电与负电,并以此解释了一些反应。但在实际应用中,这一理论与许多事实相矛盾。继而李比希提出"基团理论",认为有机化学是研究一些原子所构成的"基团"的化学。用这一理论,他解释了一些事实,但同样存在着相当的缺陷。1834年,杜马关于卤素(如氯)对有机基团中氢的取代作用的发现,给予上述两种理论以极大的冲击。

"类型论"是为克服先前理论的缺陷并吸收杜马的"取代理论"的成果而出现的。类型论从统一观点考察各种有机物,认为它们是从简单的氢、水、盐酸、氨以及沼气等物质

贝采利乌斯

中的氢原子被一个或几个其他有机基团所取代后而衍生出来的,并将有机物进而分为相应的几种类型。类型论虽然解释了有机物的一些典型反应,但由于这种理论没有考虑到各种原子在有机分子中的排列及结合方式(亦即其化学结构),所以随着有机化学现象的不断增加,这种理论开始显得狭窄起来。为了自圆其说,类型论的支持者们又引入了"混合类型""稠密类型"等发展了的概念,却仍然无法解释许多新的现象。

有机化学的进一步发展,要求将以前各自反映有机分子一个或几个单独侧面的种种理论联系起来,并把对原子基团的注意转向对有机分子中单独原子的注意,还要求对分子、原子、分子量、原子量、当量、化合价等概念作出明确区划。只有满足这些起码的要求,才能对化合物的结构进行分析,这些条件是在 19 世纪 60 年代初期才具备的。

拉尔与罗兰特于 19 世纪 50 年代提出区分原子、分子、原子量、分子量等概念方面的合理化建议,1860 年得到科学界公认。几乎在同时,凯库勒与库帕在碳元素的化合价及碳原子结合成有机物方面提出了新的理论假说。他们提出的碳原子以四价结合成有机物分子链的假说,比以前的各种理论都有提高。但这种假说依然是不完备的,比如此时碳原子的四价是否等同还没有搞清;因此要将它应用于各种有机物的结构研究，还需
的努力。

　　上面是肖莱马之前的有
洞百出，新理论又不
成熟。急需有人在
混乱中完成理论上
的突破，以新的统一
的正确理论代替已
经过时的旧理论。

　　肖莱马以脂肪
烃为研究对象，首先
从寻找其异构现象

肖莱马

的正确解释入手，抓住解决问题的关键。而要解释具有同
一化学组成和分子量的那些有机物之间的差异，就只有从
其分子内原子排列方式的不同中寻找答案，这就需要化学
结构理论的建立与发展。

　　肖莱马当时只不过是欧文斯学院化学实验室里的一名
实验助手。但他并没有被化学权威们的理论所吓倒，决心
向那些混乱的理论挑战。他批判地继承了前人的见解，此
时他已经对煤焦油与石油馏分中的醇基氧化物进行过研
究，对醇基氧化物和醇基的物理、化学性质都非常熟悉，所
以他提出了与前人截然不同的观点。

在肖莱马以前，化学家们将脂肪烃的异构物按其形成过程而分为并列的两大族异构的系列：醇基与醇基氢化物。根据阿佛加德罗定律，它们的通用分子为 C_nH_{2n+2}。但化学家只是注意到了醇基与醇基氢化物之间在物理性质上的差异；对于它们的化学性质，很少有人研究过，这无疑是本末倒置。肖莱马机智地认识到了这一点。他认为判断两种有机物的异同，不应只着眼于它们的物理性质，他主张应着眼于它

阿佛加德罗

们的化学性质，两种有机物在同一试剂，同一条件作用后是否得出同一产物，才是判断两者是否相同的准则。因此，肖莱马对 C_nH_{2n+2} 系列烷烃的化学性质第一个作了详细的系统研究。肖莱马首先以 C_nH_{2n+2} 系列的较高级成员为研究对象。在考察了直链烷烃中被化学家们当成互为异构的乙基一戊基（$C_2H_5-C_5H_{11}$）与氢化庚基（$C_7H_5 \cdot H$）以及二戊基（$C_5H_{11}-C_5H_{11}$）与氢化癸基（$C_{10}H_{21} \cdot H$）这两对氢化物和基的化学反应及其衍生物特征，发现经过氯处理后，氢化庚基与乙基一戊基都得出同样的氯化庚基；而氢化癸基与二戊基都得出同样的氯化癸基。再以硫氢化钾（KSH）处理氢

化庚基与乙基－戊基后，二者都得出同一产物：$C_7H_{15}SH$，它表现出硫醇的全部性质，具有同样的沸点。

经过反复实验后，肖莱马得到了同样的实验结果。于是他在论文中写道："从这项研究的上述结果中，我大胆地作出结论说，在氢化物与基之间，至少在这个系列的较高级成员间，不存在化学上的区别。"同时他指出，至于两者在沸点上的差异，是由于分离技术所面临的暂时困难所造成的。

肖莱马在作出上述结论后，接着指出："如果以上的这些观点是正确的，那有些重要问题就急需研究了。正如我已说过的，曾有人认为甲基与氢化乙基有不同的化学性状。那么C_2H_6以及C_7H_{16}之间化合物的性状又是如何的呢？只是这个系列的两个最低级的异构物得出的不同衍生物，还是另一些成员也表现出一种类似的异点，而哪一些成员没有这种区别，或者是否只是系列中的高级成员的这种区别开始逐渐变小呢？"

肖莱马为了解释这些不清楚的问题，开始专心致力于研究二甲基与氢化乙基的化学性质了。在1864年，他发表了《氯对甲基的作用》与《论甲基与氢化乙基的同一性》这两篇具有历史意义的论文。他精心地制备了纯度很高的试剂，严格地重复了以前弗兰克兰与柯贝尔所进行的氯对二甲基和氢化乙基的作用的实验，仔细地观察了实验中遇到的所有现象并予以详细的记录，又对实验产物进行了精密的分析,但却得出了与前两个人不同的结果。而高纯度的试剂、熟练的实验技巧、严格的实验步骤,证明了肖莱马所得结论的正确性。用肖莱马自己的话来说,他得出了"既是出人意料的,又是决定性的研究成果"。通过实验,他证明先前弗兰克兰与柯贝尔等人确认下来的所谓甲基(或二甲基)的氯化产物与氢化乙基的氯化产物,成分都同样主要是氯乙烷(C_2H_5Cl),一种沸点为 $11℃$ 的无色液体;此外,还含有少量的沸点为 $64℃$ 的二氯乙烷($C_2H_4Cl_2$)。

肖莱马得到了正确的实验结果后,满怀信心地在论文中得出结论说:"从这些实验中显而易见,就 C_nH_{2n+2} 系列烃的较高级成员而言,在氢化物与基之间我先前证明的它们没有化学上的区别的理论,就是对这个族的低级异构物而言,也是有效。至于二甲基与氢化乙基在物理性质(如溶度)上的'差异',则可用所取原料之不纯来解释。如果用纯品,则他们将表现有严格的一致性。"

肖莱马的研究成果的发表,从根本上推翻了在他之前关于 C_nH_{2n+2} 系列烃异构现象的全部假说,那些碳原子化合价互异的理论也就随之破产了。肖莱马第一个从实验中证实了碳的四个化合价的同一性;排除了以前假想的若干系列异构烷烃的存在,使异构系列得以简化。

肖莱马认为 C_nH_{2n+2} 通式反映的烃只有一个系列,在这个系列各成员间的异构现象,就只能从碳的四个价等同原理出发,从碳、氢原子的不同排列方式中去寻求答案。通过这一思路,经研究后肖莱马认为乙烷(C_2H_6)、丙烷(C_3H_8)没有异构现象,只是从丁烷(C_4H_{10})开始才产生了异构物:

$$CH_3—CH_2—CH_2—CH_3$$
正丁烷

而戊烷(C_5H_{12})则有三种异构物。随着碳原子数的递增,异构物数目剧增,这可以从理论上计算出来。比如$C_{10}H_{22}$有75种异构物,而$C_{13}H_{28}$则有802种。就这样,肖莱马对烷烃的异构现象作出了合理的理论解释。

后来,肖莱马对脂肪醇系列的异构现象进行研究指出,醇系列中异构的伯醇、仲醇和叔醇,可以通过氧化法从其氧化产物中来鉴定。伯醇氧化的最初产物是醛,进一步氧化就得到了酸。仲醇氧化得到酮,叔醇氧化和酮酸进一步氧化一样。依靠这个原理,就得以确定一些未知醇的化学结构。肖莱马第一个从杂醇油中分离出伯丙醇。他在这方面的工作表明,一元醇系列的异构现象不仅仅取决于醇基本身的异构,还取决于羟基(OH)在醇基上的不同位置。例如,肖莱马认为丙醇(C_3H_7OH)应有两种异构物——伯丙醇与仲丙醇:

$$CH_3—CH—CH_2$$
$$|$$
$$CH_3$$
异丁烷

肖莱马成功地得到了伯丙醇,这就通过实验证实了自己理论观点的正确性。另外,肖莱马通过自己坚持不懈的研究,还确定了烷、醇类化合物其他一些异构物的结构。例如,他确定了正辛醇是:$CH_3-CH_2-CH_2-CH_2-CH_2-CH_2-CH_2-CH_2OH$;仲辛醇是:$CH_3-CH_2-CH_2-CH_2-CH_2-CH_2-CH(OH)-CH_3$;正己烷是:$CH_3-CH_2-CH_2-CH_2-CH_2-CH_3$;"二异丙基"是:$CH_3-CH(CH_3)-CH(CH_3)-CH_3$等等。

肖莱马与学生合影

肖莱马的这些工作引起了化学观念上的革命性变革。从化学史的角度来分析,它至少引出了下列三点直接后果:(1)合理的解释了有机物的异构现象,使此前虚构的复杂异构系列得以简化,进一步充实了凯库勒—库帕的假说,并使之得到有效的应用;(2)通过实验方法,证实了碳原子四个化合价的同一性,给了类型论以致命一击,为原子结合理论扫清了前进道路上的重要障碍;(3)为建立正确的化学结构式与命名法提供了有力的科学基础,并通过合成途径制得理论上预见的未知物而表明原子结合理论的正确有效性,促进了该理论的定型化。

一切出色的东西都是朴素的，它们之令人倾倒，正是由于自己的富有智慧的朴素。

——高尔基

名句箴言

门捷列夫元素周期律

宇宙间的物质是由什么组成的呢？古希腊哲学家认为物质是由水、土、火、气四种元素组成的；古代中国学者认为物质由金、木、水、火、土五种元素组成。这些都是古代人们"直觉的猜测"，并没有实际的根据。

近代科学诞生以来，科学家通过实验，发现自然界的万物是由许多种化学元素组成的。英国化学家波义耳 1661 年确定元素概念以后,化学家们都致力于寻找新元素。波义耳被称为"化学之父",确立了磷元素的存在。到了拉瓦锡时代,化学家探知的元素,如金、银、铜、铁、氧、硫等已达 30 余种。道尔顿原子理论的确立和贝采利乌斯原子量的精确测定,将寻找元素活动推向高潮。1829 年戴维去世,人们已找到 54 种元素。这时,人们普遍关心的问题有两个,一是还有多少种元素还没有被发现?二是已探知的元素与元素之间有无内在联系?化学家们围绕着这两个问题,进行了深入地研究。从 1829 年德国化学家德贝莱纳将元素按照"三素组"分类开始,经过大约 40 年的探索,俄国著名化学家门捷列夫于 1869 年发表了关于元素周期

门捷列夫

律的图表。至此,人类终于揭开了元素之间内在联系的奥秘。

1834 年 2 月 7 日,门捷列夫诞出生在西伯利亚的托波

尔斯克。父亲是中学校长,16 岁时,进入彼得堡师范学院自然科学教育系学习。1859 年,门捷列夫去德国深造,集中精力研究物理化学。1861 年回国担任彼得堡大学教授。

门捷列夫在编写无机化学讲义时,发现这门学科的俄语教材都很陈旧,外文教科文也与新的教学要求不相适应,迫切

门捷列夫与学生们合影

需要有一本新的、能够反映当代化学发展水平的无机化学教科书。这种想法激励着年轻的门捷列夫。当门捷列夫在编写有关化学元素及其化合物性质的章节时遇到了难题。按照什么次序排列它们的位置呢?当时化学界发现的化学元素已达 63 种。他不得不研究有关元素之间的内在联系,寻找元素的科学分类方法。

门捷列夫深刻地了解要研究某一学科的历史,就要把握该学科发展进程的最好方法。他在彼得保大学的图书馆,从数不尽的卷帙中逐一梳理以往人们研究化学元素分

类的原始资料……

　　18 世纪后半期,就有人对元素开始进行分类。1789年,拉瓦锡在他的著作《化学基础纲要》一书中,便将 33 种元素分为"金属""非金属""气体"和"土质"四大类。19 世纪以来,分析化学的发展和"原子论"的提出,使原子量的测定研究日益活跃。化学家逐渐认识到原子量是元素的重要特征之一。1829 年,德国化学家德贝莱纳对元素的原子量和化学性质之间的关系进行深入研究。他在 54 种元素中,发现了几个性质类似的元素组,每组包括三种元素。人们将它称为"三素组"(例如锂、钠、钾;氯、溴、碘等)。但是,他没有把所有元素当作一个整体来研究,这显然是一个很大的欠缺。

　　19 世纪 50 年代,化学家们把元素的原子量和它们的性质联系起来,加以归类,这项试探性的工作得到了迅速的发展。

　　19 世纪 60 年代,科学家们对于原子量有了统一的理论认识,这对寻找化学元素之间内在联系提供了有利的条件。1865 年,英国化学家纽兰兹,按原子量大小为顺序把当时发现的元素,进行排列。他惊奇地发现:从任意一个元素算起,每到第 8 个元素就和第 1 个元素的性质相近,他把这个规律称为"八音律"。

　　门捷列夫对化学家研究元素分类进行综合分析,日以继夜地分析思考。有一天,夜深人静,彼得堡大学主楼左侧的门捷列夫的居室仍然亮着灯光。仆人为了安全起见,推开了门捷列夫书房的门。"安东!"门捷列夫站起来对他说,"到实验室去找几张厚纸,把筐也一起拿来。"安东是门捷列夫教授家的忠实仆人。他走出房门,莫名其妙地耸耸肩膀,很快就拿来一卷厚纸。"帮我把它剪开。"门捷列夫一边吩咐仆人,一边亲自动手在厚纸上画出格子。"所有的卡片都要像这个格子一样大小。开始剪吧,我要在上面写字。"

门捷列夫在每一张卡片上都写上了元素名称、原子量、化合物的化学式和主要性质。筐里逐渐装满了卡片。门捷列夫把它们分成几类,然后摆放在一个宽大的实验台上。有时为了把全部60多张元素卡片看清楚,门捷列夫不得不高高地站在一个凳子上。

第二天,门捷列夫把元素卡片进行系统地整理。他像德贝莱纳那样也把卡片分成三组,按元素的原子量大小排列……

门捷列夫每天手拿元素卡片像玩纸牌那样,收起、摆开,再收起、再摆开,皱着眉头地玩"牌"……

时间一天天过去了,门捷列夫没有在这些杂乱无章的元素卡片中找到内在的规律。但他决不灰心。有一天,他又坐到桌前摆弄起"纸牌"来了。摆着,摆着,门捷列夫像触电似的站了起来。在他面前出现了完全没有料到的现象:

每一行元素的性质都是按照原子量的增大而从上到下地逐渐变化着。门捷列夫激动得双手不断颤抖着。"这就是说，元素的性质与它们的原子量呈周期性的关系。"门捷列夫兴奋地在室内踱着步子，然后，迅速地抓起记事簿在上面写道："根据元素的原子量及其化学性质的近似性试排元素表。"1869 年 2 月底，门捷列夫终于在化学元素符号的排列中，发现了元素具有周期性变化的规律。同年，德国化学家迈尔根据元素的物理性质及其他性质，也制出了一个元素周期表。到了 1869 年底，门捷列夫已经积累了关于元素化学组成和性质的足够材料。

1870 年，在德国化学家李比希主办的《化学年鉴》上，表了关于"应用元素周期律测定尚未发现的元素性质"的论文。他预言并详细地描述了当时科学界尚未知晓的三种元素——类硼、类硅和类铝的性质。门捷列夫还根据元素周期律改变了某些元素的原子量，认为他们测量不准确。这篇研究论文引起了反响，但影响并不很大。门捷列夫的周期律问题已经研究完毕，他转入了其他研究。门捷列夫自信他预言的元素将一一被发现，它们将无可辩驳地证明他的论点的正确性。

1875 年，有一天，门捷列夫翻阅法国科学院院报时，偶然看到布瓦博德朗发现的一种新元素镓的报道。毫无疑问，新发现的元素的性质和门捷列夫预言的类铝的性质很相似。不过,法国科学家测定的镓的比重是 4.7,而门捷列夫计算出的却是 5.9。门捷列夫把这一切告诉了布瓦博德朗。

布瓦博德朗对于一个陌生的俄国人手中没有镓的样品,竟然知道它的比重是 5.9 而不是 4.7 感到很奇怪。以科学家特有的严谨作风,布瓦博德朗再次进行了测量,测量结果使他折服了。门捷列夫是对的!经过精细、准确地测量,得出镓的比重是 5.94。布瓦博德朗读过门捷列夫的论文之后,才完全理解自己发现的意义:他用实验方法证实了门捷列夫的预言,从而证实了门捷列夫元素周期律的正确性。镓元素的发现,在科学界引起了强烈的震动。元素周期律也由此闻名天下。欧洲数十个实验室都投入了紧张地工作,目的是寻找门捷列夫预言的尚未被发现的元素,这是一场无声的科学竞赛。

瑞典化学家尼尔森最先冲过终点。1879 年,他发现了类硼——钪,它与预言的类硼完全符合。这又是一个重大的胜利。门捷列夫的天才成就得到了全世界的公认。1886年,德国化学家文克勒发现了类硅——锗,它又是门捷列夫预言的元素。

元素周期律,使人类认识到化学元素性质发生变化是由量变到质变的过程,把原来认为各种元素之间彼此孤立、互不相关的观点彻底打破了,使化学研究从只限于对无数个别的零星事实作无规律的罗列中摆脱了出来，从而奠定了现代化学的基础。镓、锗元素的发现及其化学性质的研究，推动了人类社会的进步。20 世纪以后，镓、锗成为重要的半导体和集成电路的基本材料，并充当了电子信息时代的主导物质材料，这是门捷列夫当时所无法预见的。

在真理和认识方面，任何以权威者自居的人，必将在上帝的嬉笑中垮台！

——爱因斯坦

名句箴言

居里夫人与镭

讲 居里夫人之前，先让我们了解一下 X 射线与放射性的发现。

人类对玻璃棒的研究可以追溯到人类早期探究电的奥秘。电分为两大类，其中一类叫作"玻璃电"，即正电。赫赫有名的莱顿瓶实质就是盛水的粗口玻璃瓶。随着玻璃器皿制作工艺的进步，玻璃工匠们可以制作各种各样的玻璃器皿,促进了人类对自然现象的认识。

18 世纪上半叶,德国莱比锡学者约翰·海因里希·文克勒和研究者,用一架起电机,使抽去部分空气的玻璃瓶内部产生了辉光。1836 年,伟大的法拉第也注意到低压气体中的放电现象。他曾经想试验真空放电,但是,因为缺乏获得高真空的技术方

法拉第

法和手段都没能成功。不久,德国波恩大学教授尤利乌斯·普吕克尔,提出了这样问题:"当电在不同气压下通过空气和气体时,会发生什么现象呢?"为了得出这一问题的正确答案,普吕克尔需要一些有关的试验设备和装置:首先,需要玻璃管,并且在管的两端装上输入电流用的金属体;其次,需要能把玻璃管内的压力减少到最低值的抽气泵。

普吕克尔找到波恩一个制作物理和化学仪器的作坊,他向作坊主说明了来意。作坊主喊过来一位中年技工盖斯勒。普吕克尔告诉他,他想订制一种两端封有金属电极,并且内部气体稀薄的玻璃管。

1850 年,盖斯勒创制成功了稀薄气体放电用玻璃管,普

吕克尔用它实现了低压放电发光。普吕克尔十分高兴地邀请盖斯勒参观他的实验。细心的盖斯勒发现抽空的玻璃管放电发光的亮度不同，是与玻璃管抽成真空的程度有关系。普吕克尔诚恳地对盖斯勒说："要有真正的抽气机能够造成真空那该多好啊！多少物理学家期待着研究真空现象，没有真空抽气泵不行啊。"盖斯勒早就对传统的机械式抽气泵和流水式抽气泵不满意了。普吕克尔的一席话，使他下决心改造传统抽气泵，研制新的抽气泵。

盖斯勒在翻阅有关托里拆利用水银代替水，形成"托里拆利真空"的科学资料时受到启发。他想，流水式抽气泵改用流汞效果不是更好吗？盖斯勒深思熟虑之后，他首先找来有关抽气机的全部资料，然后翻阅大量关于水银的资料。他最后决定利用水银比水重 13 倍的比重差，来提高流水式抽气泵的性能。

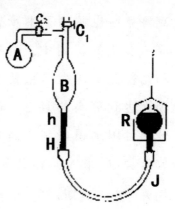

盖斯勒的水银真空泵

不久，一种简单、可靠、实用的水银泵就被盖斯勒研制成功了，用它几乎可以抽掉玻璃管中的全部空气。用水银泵抽成真空的低压放电管，使普吕克尔完成了对低压放电的研究。后人为了纪念这位玻璃工人，将低压放电管称为

"盖斯勒管"。

普吕克尔通过盖斯勒管进行了低压放电实验,发现了阴极射线,为盖斯勒管阴极管壁上出现的美丽绿色辉光所倾倒,加之盖斯勒的友谊,使他转向了研究盖斯勒管本身。

1868 年,普吕克尔去世,没有完成他的实验,普吕克尔的学生希托夫接过了老师的工作。英国物理学家威廉·克鲁克斯也站到了继承普吕克尔事业的行列中。希托夫和克鲁克斯两人尽量使盖斯勒管达到更高的真空。他们分别运用水银泵制成高真空放电管,后来人们称其为"希

克鲁克斯

托夫—克鲁克斯管"。希托夫研究了高真空放电产生射线的主要性质。"克鲁克斯管"的真空度高,放电时没有辉光。在管中,从阴极发射出的一种射线碰到玻璃管壁或者硫化锌等物质,会发出荧光。这种发光现象被称作"冷光"现象。这种从阴极发射出的能产生荧光的射线,被物理学家正式命名为"阴极射线"。

阴极射线的发现,引起了整个物理学界的极大兴趣。"希托夫—克鲁克斯管"的出现,为科学家研究起阴极射线

带来了更多的方便。

"阴极射线"的发现,导致了 X 射线、放射性和电子等一系列重要的发现。在研究阴极射线的人群中,德国物理学家威尔海姆·伦琴很快脱颖而出了。

1845 年 3 月 27 日,伦琴生于德国普鲁士鲁尔地区的一个小镇——莱尼斯。他先后曾在三个国家的大学里就读,后来从师库恩德门下。库恩德是著名的物理学家,伦琴随老师回到德国后,先后在国内六七所大学任教。1888 年,他担任巴伐利亚州维尔茨堡大学物理研究所所长。在这个研究所工作期间,他发现了具有穿透力极强的 X 射线,从而名闻天下。

伦琴担任维尔茨堡大学物理所所长以后,一直研究阴极射线。由于克鲁克斯管的高真空度,低压放电时没有辉光产生,随之而来的检测阴极射线是否存在的问题就被提出来了。1894 年,一位德国物理学家改进了"克鲁克斯管"。他把阴极射线碰到管壁放出辉光的地方,用一块薄铝片代替原来的玻璃。结果,阴极射线管中发射出来的射线,穿透了薄铝片。——伦琴用铂氰化钡(一种荧光物质)涂在玻璃板上,创造出了能够探测阴极射线的荧光板。当阴极射线碰到荧光板上时,荧光板就会在黑暗中放出耀眼的光亮。

伦琴不停地重复实验时,为了防止荧光板受偶尔出现的管内闪光的影响,他用一张包裹相纸的黑纸,把管子包得严严实实。在黑暗中,伦琴打开阴极射线管的电源。当他把荧光板靠近阴极射线管上的铝片洞口时,顿时荧光板亮了。距离稍远一点,荧光板又不亮了。结果,伦琴从中发现了阴极射线的一些新性质。原来,射出的阴极射线,只能在空气中跑很短距离,距离一远,就被空气吸收了。同时,伦琴看到,阴极射线只能穿过薄铝片,而不能穿过玻璃。

伦琴为了进行验证实验,把一个完整的梨形阴极射线管包裹好,打开开关,他发现:尽管阴极射线管一点亮光也不露,但是放在远处的

伦琴

荧光板竟然亮了起来。伦琴十分惊奇,顺手拿起闪闪发亮的荧光板,一个完整手骨的影子突然魔术般地出现在荧光板上。伦琴感到奇怪,但他没有放过这个稍纵即逝的奇特发现,他立即开亮电灯,仔细检查后,又重新做起实验。奇妙的光线又被荧光板捕捉到了,他把手放到阴极射线管和荧光板之间,完整的手骨影子又出现在荧光板上。这是事

实,从未见报道过的事实。

第二天,伦琴结束重复验证无误的实验之后,集中精力思考这一新发现。伦琴想,它肯定不是阴极射线,因为它能穿透玻璃、遮光的黑纸和人的手掌,其能量是很大的。阴极射线不可能穿透玻璃。为了验证它还能穿透其他什么物质,伦琴几乎把手边能拿到的东西都用来做实验。他用木头、橡胶皮、厚纸板、金属片……一件件地依次放在射线管与荧光板之间,这种未知的神奇光线把它们全穿透了。最后,铅挡住了它的进攻,神奇的光停住了。伦琴还发现这种射线能使包在黑纸中的照相底片感光。

伦琴发现 X 射线时所使用的简陋实验室

伦琴对对这种射线了解得越来越多,但是对它产生的原因、性质却知道得很少。伦琴感到这种神奇的射线对人类是一个未知领域,为了吸引更多的人们研究它,伦琴将他发现的神奇射线命名为"X 射线"。

1895 年 12 月 28 日,伦琴宣布了自己的发现和研究成果,并且出示了用 X 射线照出的手骨照片。

伦琴很快就名闻天下了。人们纷纷拿出实验室里的"希托夫—克鲁克斯管",寻找 X 射线。"有了""发现了""成功了"。他们也分享了伦琴发现 X 射线时的欢乐。就在伦琴宣布发现 X 射线的第四天,一位美国医生就用 X 射线照相发现了伤员脚上的子弹。于是 X 射线成了神奇的医疗手段。

1895—1896 年,人们沉浸在"X 射线热"之中。人们都按照自己的理解去对待 X 射线,对于 X 射线是怎样产生的谁也不能给出明确的结论。绝大多数人都认为,不管 X 射线是怎样产生的,肯定与荧光物质有关。这是因为人们对 X 射线产生中的荧光板作用印象太深了。

如果说,德国伦琴在演奏 19 世纪末物理大发现乐章的序曲,那么,贝克勒尔肯定要演奏主旋律了。

贝克勒尔家族一直在研究荧光、磷光等发光现象。贝克勒尔的父亲对荧光的研究堪称一流水平,他提出了铀化合物发生荧光的详细机制。贝克勒尔自幼喜爱物理学,为了赶超祖父、爸爸,他下了许多功夫。他作为法国自然历史博物馆的物理学研究员,应该获得像伦琴那样的荣誉。

贝克勒尔从父亲那里找来荧光物质铀盐,立即投入实验,证实 X 射线与荧光的关系。他很想知道铀盐的荧光辐射中是否含有 X 射线,他把这种铀盐放在用黑纸密封的照相底片上。贝克勒尔从小就看见爸爸用阳光中的紫外线激发荧光物质,进而获得荧光。他想,黑色密封纸可以避阳光,不会使底片感光,如果太阳光激发出的荧光中含有 X 射线,就会穿透黑纸使照相底片感光。伦琴发现的 X 射线在这一点上屡试屡败,密封底片若能感光就成功了。1896 年 2 月,贝克勒尔将铀盐和密封的感光底片,放在太阳光下照射了几个小时。晚上,贝克勒尔从暗室中冲出来的时候,他发现铀盐使底片感光了!重复进行实验也证实了以往的设想。为了确证,贝克勒尔又用金属片放在密封感光底片和铀盐之间,X 射线是可以穿透它们使底片感光的。如果不能穿透金属片就不是 X 射线。这样做了以后,他发现底片感光了,X 射线穿透了他放置的铝片和铜片。这似乎更加证明,铀盐这种荧光物质在照射阳光之后,除了发出荧光,也发出了 X 射线。

贝克勒尔开始撰写研究报告了。但是,他的研究报告的结论是不正确的,不久,他自己的一次偶然发现,推翻了他自己的结论。二月里的巴黎,连续几天一直是阴天,没办法,贝克勒尔只好把准备好的实验用品放在桌子的抽屉里。接连几天,太阳还没有出来。可是,底片冲洗出来时却是感了光的。

不经过太阳光照射,铀盐也能使底片感光。善于留心实验细节的贝克勒尔一下子抓住了问题的症结。贝克勒尔又重新做了实验,一切和以前一样,只是不再让铀盐和底片暴晒了,冲洗感光片结果表明铀盐不需要阳光照射也能使底片感光。贝克勒尔开始怀疑他已拟就报告的结论, 他决心重新再来,不过,这次他又增加了几种荧光物质,实验结果很快出来了。其他荧光物质不论是否用阳光照射,都不能使感光底片感光,而铀盐不论是否用阳光照射,都能使感光底片感光。问题很明显了,贝克勒尔进行的实验说明,底片感光不是荧光物质发射 X 射线的结果,而是一种新的射线使底片感光,这种射线源就是铀盐。

此后,贝克勒尔便着重研究含铀物质,他发现所有含铀的物质都能发射出一种神秘的射线,他把这种射线叫作"铀射线"。贝克勒尔的发现吸引了他的同伴,他们也和贝克勒尔一样投入了研究。

贝克勒尔的发现,引起了旅居在法国巴黎的波兰女科学家居里夫人的注意,冲向深入研究铀矿石的最前沿。不久,皮埃尔·居里也参加到妻子的行列。他们经过千辛万苦,相继提炼出钋、镭等放射性元素,引起全世界的高度重视。

居里夫人

X 射线的发现,把人们引

向了一个完全陌生的王国——微观世界。放射性的发现，直接地揭开了原子的秘密，为深入到原子内部的科学研究，提供了线索，打通了航道。下面就让我们更加详尽地了解一下居里夫人发现镭的故事。

1898 年 2 月 6 日，法国，气温 6.25℃。这是法国巴黎理化学校居里夫妇实验室的气温记录。位于罗蒙德大街和娄西埃路交会处的巴黎理化学校主楼，是一座中三侧二、水泥墙面的灰色建筑。主楼后面是一个四面漏风的玻璃工作室。这间棚屋原来是一个贮藏室和机器房，很闭塞，潮湿得直冒水，即使白天也得点着灯才能进行工作。正是在这间寒冷潮湿的小工作室里，伟大的居里夫人发现了放射性元素——镭。

玛丽·斯可罗多夫斯卡娅，即著名的居里夫人，被誉为"镭的母亲"。1867 年 11 月 7 日，诞生于俄国沙皇侵略者统治下的波兰首都华沙。父亲是华沙高等学校的物理学教授，母亲是闻

居里夫人一家

名遐迩的钢琴家。玛丽具有父亲那样的智慧和母亲那样的

巧手,她从小就对科学实验发生了兴趣,中学毕业后,她曾给人当家庭教师。1891年,她到巴黎继续深造,获得了两个硕士学位。学业完成后,她本打算返回祖国为受奴役的波兰人民服务。但是,同法国年轻物理学家皮埃尔·居里的相识,改变了她的计划。1895年,她与皮埃尔结婚;1897年生了一个女儿,一个未来的诺贝尔奖金获得者。

居里夫人一边抚育女儿,一边翻阅试验研究报告,注意到法国物理学家贝克勒尔的研究工作。自从伦琴发现X射线之后,贝克勒尔在检查一种稀有矿物质"铀盐"时,又发现了一种"铀射线",朋友们都叫它"贝克勒尔射线"。事实上,贝克勒尔发现的是后来居里夫人命名的放射性现象。

贝克勒尔的发现,引起了居里夫妇的兴趣,射线放射出来的力量是从哪里来的?这种放射的性质是什么?这是一个绝好的研究题目,如果能够取得成果,那会是一篇绝好的博士论文。居里夫人看到当时欧洲所有的实验室还没有人对铀射线作过深刻研究,于是决心在这个领域进行研究。

经皮埃尔的多次请求,校长才允许居里夫人使用那一间潮湿的小屋做理化实验。在6℃的室温里,居里夫人研究了各种铀盐矿石,她被铀盐矿石神奇的射线所吸引,她完全投入到铀盐的研究中去了。

居里夫人在化学方面有很深的功底。她在研究铀盐矿石时想到,没有什么理由可以证明铀是唯一能发射射线的化学元素,为什么别的元素不能有同样的力量呢?她根据门捷列夫的元素周期律排列的元素,逐一进行测定,很快发现另外一种钍元素的化合物,也能发出射线,与铀射线相似,强度也相像。居里夫人认识到,这种现象决不只是铀的特性,必须给它一个新名称。居里夫人提议叫它"放射性"。铀、钍等有这种特殊"放射"功能的物质,叫作"放射性元素"。

居里夫人在帮助理化学校装卸采集的各种矿物时,发现一种来自捷克斯洛伐克的沥青铀矿放射性活度比预计的强度大得多。

居里夫人起初是怀疑的,但经过仔细研究,居里夫人不得不承认,用这些沥青铀矿中铀和钍的含量,决不能解释她观察到的放射性的强度。这种反常的、过度的放射性是哪里来的呢?只能有一种解释:这些沥青矿物中含有一种少量的比铀和钍的放射性作用强得多的新元素。但是,这又是什么元素呢?居里夫人在以前所做的试验中,已经检查过当时所有已知的元素了。居里夫人意识到,这是一种人类还不知道的新元素。她要找到它。

1898 年 4 月 12 日,法国巴黎理科博士学院发表的报告中写道:"玛丽·斯可罗多夫斯卡·居里宣布在沥青铀矿中大约有一种新物质,具有比以往更强的放射性……这种铀矿比纯铀的放射性强得多。这种事实极可注意。它使人相信,这些矿物中含有一种比铀的放射性强得多的元素。"这是镭的发现的第一阶段。

不久,皮埃尔也加入妻子的研究行列,在潮湿的工作室里,居里夫妇共同寻找这种未被人知的新元素,经过他们的合力攻关,1898 年 7 月,他们宣布发现了这种新元素。它比纯铀放射性要强 400 倍。为了纪念居里夫人的祖国——波兰,新元素被命名为钋(波兰的意思)。

居里夫人非常热爱着自己的祖国,她虽然身居法国,却把有关新元素钋的论文"论沥青铀矿中所含的有放射性的新物质"在未发表之前,就已经寄回波兰一份,交给她从前做初步试验的实业博物馆实验室主任约瑟·柏古斯基。于是这篇轰动科学界的论文,几乎同时在巴黎和华沙发表,为当时这个欧洲的弱小国家争得了荣誉。

居里夫妇合力攻关

1898 年 12 月,居里夫妇宣布,他们又发现了一种放射比钋还强的放射性新元素。他们将这种新元素命名为"镭"。可是,当时谁也不敢确认他们的发现,因为按化学界的传统,一个科学家在宣布他发现新元素的时候,必须拿到实物，并精确地测定出它的原子量。而居里夫人的报告却没有钋和镭的原子量，手头也没有钋和镭的样品。为了让科学界同行们看到钋和镭，证实它们的存在，居里夫妇决心拿出实物，这当然也是为了使自己完全有把握。这是一件难上加难的事情，主要难在沥青铀矿石上。

藏有钋和镭的沥青铀矿在当时是一种非常昂贵的矿物，主要在波希米亚的圣约阿希姆斯塔尔矿，炼制这种矿物，人们从中提取制造彩色玻璃用的铀盐。对于生活十分清贫的居里夫妇来说，购买这些昂贵的矿石是不可能的。他们的智慧补足了财力，他们预料，提出铀之后，矿物里所含的新放射性元素一定还存在，那么一定能从提炼铀盐后的矿物残渣中找到它们。

百般周折，奥地利政府决定馈赠 1 吨残矿渣给居里夫妇，并答应如果他们将来还需要大量的矿渣，可以在最优惠的条件下供应。当然，他们仍须购买这种原料，并且付出运到巴黎的费用。居里夫妇高兴极了，他们耐心地等待着矿物残渣的到来。一天早晨，载重马车将矿渣运到理化学校门前，居里夫人喊道："这是铀矿残渣，镭就藏在里面！"她剪断绳子，打开那些粗布口袋，把双手伸进那无光的棕色矿物中，她就要从中提炼出镭来。

居里夫妇在艰苦的条件下不停地实验。他们克服了人们难以想象的困难，为了提炼镭，辛勤地奋斗着。居里夫人立即投入提取实验,她每次把 20 多公斤的废矿渣放入冶炼锅里熔化,连续几小时不停地用一根粗大的铁棍搅动沸腾的材料,而后从中提取仅含百万分之一的微量物质。

居里夫妇日以继夜的工作,并充满了信心。他们从 1898 年一直工作到 1902 年,经过几万次的提炼,处理了几十吨矿石残渣,终于得到了 0.1 克的镭盐,测定出了它的原子量是 225。

镭宣告诞生了!居里夫妇证实了镭元素的存在,让全世界都被放射性现象所吸引。镭的发现在科学界爆发了一次真正的革命。

居里夫人以"放射性物质的研究"为题,写完了她的博士论文。1903 年,居里夫人获得巴黎大学的理学博士学位;同年,居里夫妇和贝克勒尔共同荣获诺贝尔物理学奖。继镭的发现之后,另一些新的放射性元素,如锕等也相继被发现。探讨放射现象的规律以及放射性的本质成为科学界的首要研究课题。随着 X 射线、放射性和电子的发现,动摇了以古典物理学理论为基础的传统观念,使物理学处于"危机"之中。向原子内部进攻和"分裂"原子,已成为世纪交替时期科学领域中最振奋人心的口号。

16世纪,欧洲工业的蓬勃兴起推动了医药化学和冶金化学的创立和发展,使炼金术转向生活和实际应用,从而更加注意物质化学变化本身的研究。元素的科学概念建立之后,通过对燃烧现象的精密实验研究,建立了科学的氧化理论和质量守恒定律,随后又建立了定比定律、倍比定律和化合量定律,为化学进一步科学的发展奠定了基础。

19世纪初,近代原子论的建立,突出地强调了各种元素的原子的质量为其最基本的特征,其中量的概念的引入,是与古代原子论的一个主要区别。近代原子论使当时的化学知识和理论得到了合理的解释,成为说明化学现象的统一理论。分子假说提出了,建立了原子分子学说,为物质结构的研究奠定了基础。门捷列夫发现元素周期律后,不仅初步形成了无机化学的体系,而且与原子分子学说一起形成化学理论体系。

经典性的化学分析方法通过对矿物分析发现的许多新元素也有了自己的体系。草酸和尿素的合成、原子价概念的产生、苯的六环结构和碳价键四面体等学说的创立、酒石酸拆分成旋光异构体，以及分子的不对称性等等的发现，导致有机化学结构理论的建立，使人们对分子本质的认识更加深入，并奠定了有机化学的基础。

19世纪下半叶，热力学等物理学理论被列入化学之后，不仅澄清了化学平衡和反应速率的概念，还可以定量地判断化学反应中物质转化的方向和条件。相继建立了溶液理论、电离理论、电化学和化学动力学的理论基础。物理化学的诞生，把化学从理论上提高到一个新的水平。